Kwaba Mnyama Kukhanya:

Ukhuvethe Lwansondo

N. S. Zulu

(Umhleli)

www.bhiyozapublishers.co.za

Kwaba Mnyama Kukhanya:

Ukhuvethe Lwansondo

(There was glimmer in that darkness)

Bhiyoza Publishers (Pty) Ltd

Johannesburg, South Africa

Bhiyoza Publishers (Pty) Ltd
PO Box 1139
Ridgeway
2099

Email: info@bhiyozapublishers.co.za
www.bhiyozapublishers.co.za

First edition, first impression 2020
ISBN: 978-0-620-90267-0
Cover design: Yanga Graphix (Pty) Ltd
Layout and typeset: Yanga Graphix (Pty) Ltd

Okuqukethwe

3

Isandulelo

Imibhalo iyashesha ukuveza umlando wezigameko ezifana nezobhubhane lokhuvethe, ikakhulukazi imibhalo evela emaphephandabeni. Ukuvela komlando ezincwadini zemibhalo kuncike ekushesheni noma ekucothozeni kokushicilelwa kwezincwadi. Umlando ophuma ezincwadini zomlando wona uhamba kancane impela ngoba okuthathwa ngokuthi ngumlando kuthatha igxathu elithize ukuze kubhalwe 'ezincwadini zomlando'. Kusazoba iminyakana-ke ukubona okubhalwe ngokhuvethe ezincwadini zomlando. Noma kunjalo, okucishe kuhambe phambi kwemibhalo ngokushesha ukushicilelwa, komculo. Umculo ushesha ngokuthi ingoma iqanjwa manje ize ihlangane kungapholi maseko, liyashona ilanga, isivuthiwe, isiyaculwa.

Ukhuvethe lona, luthinte impilo yabantu abaningi kakhulu – ngezindlela eziningana ezehlukahlekene. Leli bhuku libhalwe ngezindaba ezimfishane (*short stories*) nama-eseyi (*essays*) ngokuthinteka komphakathi ngenxa yesimo esibi senhlalo ngaphansi kwemigomo enzima ye-*lockdown* yokhuvethe.

Ngokuthinteka komphakathi isimo senhlalo embi ngenxa yokhuvethe, kubhale ababhali abasha nabamnkantsh'ubomvu ngalesi simo. Izindikimba ababhale ngazo ebhukwini ziveza izindlela abantu baseMzansi abathinteka kabuhlungu ngazo ngenxa yesimo esibi senhlalo ngaphansi kwemigomo elikhuni ye-*lockdown* yekhorona. Lokho kuphila kabuhlungu kuvezwa ngendlela yokuthi umbhali ngamunye ubhala ngesizinda sendaba

4

yakhe ngaphansi kwalesi sikhathi sokuxakeka senhlalo ye-*lockdown* yekhorona. Umbhali uzakhela indawo lapho izigameko zendaba aziqambele zona zenzeka khona, aphinde azakhele abalingiswa abonisa ukuthi bahlalisene kanjani ngenxa yesimo sengcindezi yenhlalo yekhorona. Isimo esibi senhlalo yekhorona singena kunoma yisiphi isizinda umbhali azakhele sona, ngoba zonke izigameko zenzeka ngaleso sikhathi se-*lockdown* yekhorona.

Abaveza imibono yabo kuma-eseyi nabo baphawula ngabakubona kwenzeka ngaphansi kwesimo sezinkinga zemigomo ye-*lockdown* yekhorona. Imibono yabo nayo inesizinda, esinendawo enenkathi yesimo senhlalo esiphansi kwemigomo ye-*lockdown* yekhorona.

Ukuvela kwe-*Covid 19*, kunonise isiZulu kakhudlwana ngoba kwavela amagama amathathu asetshenziswa kabanzi ezindaweni ezinesiZulu: ukhuvethe, ikhorona, ikhovidi. Isilo samaBandla Onke kaZulu sizwakala sizebenzisa igama 'ukhuvethe'. Kunjalo nasezindaweni ezingaphasheya koThukela uma usuka eThekwini uya kwaNongoma. Nasemisakazweni yolimi lwesiZulu kusebenza kakhulu igama 'ukhuvethe', kanjalo nasemaphephandabeni esiZulu.

Baningi nokho abakhuluma isiZulu abasebenzisa igama, 'ikhorona', babembalwa abasebenzisa igama, 'ikhovidi'. Kuyezwakala ukuthi abathi, 'ukhuvethe' noma 'ikhovidi', bahumusha u-*covid 19*', kanti labo abathi, 'ikhorona', bona bahumusha i-*corona virus*'.

5

Okuhle ngalokhu kusebenza kwala magama amathathu emphakathini, kuphikisa lokhu okulokhu kwashiyo abathize ukuthi izilimi zabomdabu azikwazi ukusho osekushiwo yisiNgisi. Ziyakwazi. Kuzokhunjulwa ukuthi nayo ikhorona leyo, sekuyaziwa manje ukuthi ayiqubukanga emaNgisini. Nawo amaNgisi azifunela igama lesiNgisi, labhebhetheka nayo.

Kule ncwadi, kudedelwe ukusetshenjiswa kwala magama amathathu: ukhuvethe, ikhorona, ikhovidi.

Thokozela ukufunda lezi zindaba.

Ngu: N.S. Zulu

Umhleli

Amazwi okubonga

Ngithanda ukubonga uMvelinqangi, uMdali weZulu noMhlaba ngokungihlanganisa nababhali abathe bavuma ukuphosa kulesi sivande. Mangiqale ngokubonga uSolwazi N.S. Zulu ngokuthi athi uma evusa le nyamazane, angibize nami engakayibambi ukuze sigijime ndawonye ngenhloso yokuyibamba. Ekugcineni, impela siyibambile le nyamazane ngoba sikwazile ukuthi sithole nabanye ozakwethu, okuthe nabo uma bezwa ikhwelo, baphuma, bananela kulo ikhwelo belu.

Kuzokhumbuleka ukuthi kulo nyaka wezi-2020, umhlaba wonke uhlaselwe yifu elimnyama. Isifo sombhedukazwe owusomqhele, esifike sabhuqa imizi yasala dengwane. Nokho, mangikusho nginganazi ukuthi kukhona okuhle esikuzuzile ngokufika kwalolu bhubhane. Okokuqala, yisikhathi esanele sokuhlala emakhaya ukuze sikwazi ukubhala izindaba. Okwesibili, sikwazile ukuthola izihloko esingabhala ngazo ngenxa yokuthi ziningi izigameko ebezenzeka ngalesi sikhathi sobhubhane.

Ngifisa ukubonga bonke ababhali okuthe uma sikhipha isimemezelo sokubhalwa kwezindaba ngoKhuvethe, bavumela phezulu bathi, elethu. Amagama ababhali yilawa: E.B. Maphumulo; C.L. Zwane; Thulebona MaNgubo Shawe; Thokozile Sithole-Motloung; Dkt. Boni Zungu; Anele Maphumulo kanye noMthobisi Busane. Ngithi unwele olude, nina bakaPhunga noMageba! Ukwanda kwaliwa umthakathi! Ningadinwa nangomuso.

Akwande!

Ngu: Menzi Z. Thango

Umshicileli

7

Umhlahlandlela ngale ncwadi

I-eseyi

I-eseyi umbhalo ochaza into ethile ngendlela ecacile, kepha eveza umbono wombhali ngaleso sihloko sendaba abhala ngayo. Kulolu hlobo lombhalo, umbhali ukhululekile ukuphawula ngezinto axoxa ngazo e-eseyini yakhe ukusuka ekuqaleni ukuya ekugcineni kombhalo. Isibonelo: umbhali angatshela abafundi ukuthi kuhle ukuphuza utshwala njalo ntambama, bese eveza izizathu zalokho.

Ukubhalwa kwe-eseyi kwaziwa ngokuba nezigaba ezintathu ezibalulekile. *Isingeniso* esivama ukuba likhanda lendaba. Isingesiso siveza indaba okuzophawulwa ngayo noma lokho okuzodingidwa. Ithi isuka nje i-eseyi ibe iveza isizinda kanye nenkinga yendaba ezodikidwa. Umzimba we-eseyi uveza umbono wombhali ngokuphele, bese kuthi *isiphetho* sayo sisonge kahle indaba. Isigaba ngesigaba sinomusho oyinhloko, okuyiwo oyiphuzu elizodingidwa kuleso sigaba. Izigaba nemisho zinokuxhumana okunika umqondo ophelele nge-eseyi leyo.

I-eseyi ayiphithizeli, kodwa iqoqekile. Nasi isibonelo: 'Ukhuvethe lwansondo' ebhalwe nguM. Z. Thango.

Isihloko: Isihloko se-eseyi sicacile, futhi kuyezwaka ukuthi sikhuluma ngenhlekelele, isifo esinganqandeki ukhuvethe.

Izigaba: Izigaba ze-eseyi zinomusho oyinhloko, ochaza lokho okuzodingidwa kuleyo ndima, njengakulo musho: "Okokuqala indaba yamasiko ethu". Le ndima idingida amasiko.

8

Abalingiswa: Abalingiswa be-eseyi abantu, uhulumeni nokhuvethe.

Isizinda se-eseyi:

-Inkathi: Inkathi ye-eseyi isimo esinzima se-*lockdown* yekhorona.

-Indawo: Indawo ye-eseyi yiNingizimu Afrika.

-Isimo: Isimo senhlalo echazwa yi-eseyi asisihle neze ngoba abantu bavalelwe ezindlini, imisebenzi yabo imile, izikole zivaliwe, abantu bayashona, ezinye izikhulu zikahulumeni zintshontsha yona le madlana okuthiwa ayisize kulesi simo sokhuvethe.

Izingqinamba: Abantu abalandeli imithetho kahulumeni, izikhulu zikahulumeni zikhetha amabala, zihlonipha amasiko abanye, zibe zidelela awabanye.

Isixazululo: Ukulandela imithetho kahulumeni kusalindwe ikhambi lo khuvethe.

Kunezinhlobo ezimbalwa ze-eseyi. I-eseyi elandayo (*narrative essay*): ichaza indaba ethize. Le eseyi ivama ukuba nesifundo ekugcineni. I-eseyi ngempilo yomuntu iveza imibono yakhe ngalokhu akushoyo ngaye. Kukhona ama-eseyi angama-athikili, amathisisi, amadisetheshini, njalonjalo. Wonke anemigomo nezindlela abhalwa ngazo.

Indaba emfishane

Indaba emfishane yona igqame ngokuba nabalingiswa abayingcosana, esingathi nje abangeqile kwabahlanu (kwezinye izindaba bangedlula lapho).

Uma indaba iqala, iveza indikimba yendaba. Lokho kuvama ukuba yinkinga (noma into) ehambisa indaba. Le nkinga iyona eba ngumgogodla wendaba ngoba ivama ukuveza ukushayisana endabeni. Ukushayisana endabeni kuyenza ibe nohlonze ngoba umfundi uhehwa ukuthola isisombululo sokushayisana.

Umlingiswa oqavile uvezwa indaba iqala. Uvela esebhekene nezinselelo eziletha ukushayisana endabeni ngokukhula kwezigameko zendaba, iya esiqongweni. Esiqongweni kube sekuvela isixazululo senkinga ebikade ihambisa indaba, isibonelo: umlingiswa ofuna imali yokubhalisa eNyuvesi, wenza imizamo ethile ukuthola imali yokubhalisela unyaka wokuqala, ekugcineni ayithole esetabalazile. Uma eyithola, kuvela isisombululo senkinga, bese indaba iyaphela.

Kuye kube kuhle ukuthi isisombululo senkinga sivele ngendlela ekholwekayo, okusho ukuthi, ngendlela efana nesiyibona ezinkingeni zomakhelwane nezizalwane zethu. Isisombululo esingakholweki sibizwa ngokuthi i-*deus ex machina*, okungachazwa ngokuthi, uNkulunkulu wehliselwe emhlabeni ukuxazulula inkanakana ethize. Inkinga esombululeka ngokungakholweki, ifaka izinto ezinjengamaphupho, imithandazo, imihlola, ukubhula ezangomeni, njalonjalo. Lezi zinto zivela zingeyona ingxenye yendaba, isibonelo: uma indaba ingesiyo eyobuthakathi phakathi kwezelamani ezifunana phansi, akungathi omunye uma eyofuna isiphephetho esibulalayo enyangeni, aphephethe lona alwa naye, bese ophephethwayo uvuka efile. Noma, asingatholi omunye kulezi zelamani eseya kumthandazi ngoba esefuna uxolo, umthandazi abathandazele ukuthi bezwane, bayavuka sebezwana, dukuduku sebengamathe nolimi uma indaba iphela. Okukholwekayo ukungena komlamuli phakathi kwabo, kutholakale isiphetho sengxabano, kukhunyelwane umlotha, bese kuletha ukuthula kulezi zelamani.

Nakuba izigameko zimbalwa, kepha ukushayisana kwezinhlobo eziningi kuyavela phakathi kwabalingiswa. Okunye ukushayisana okomlingiswa ngokwakhe, uma enezifiso noma izidingo ezingahambisani. Asithathe umfundi kamatikuletsheni ohlala isikhathi eside engafaki isicelo sokuya eNyuvesi, ebe efuna kakhulu ukuya khona. Inkinga emququda ngaphakathi kube kuwuthi akazi ukuthi enze siphi isinqumo ngomkhakha afuna ukuwufundela, ngoba izidingo zakhe ziyaphikisana, ngesinye isikhathi kukhona nokungazethembi. Ngalokho-ke, isikhathi sezicelo simshiye elokhu ebamba, eyeka.

Ngesinye isikhathi ukushayisana kuvezwa yisimo senhlalo yomlingiswa. Lokhu kungacaca uma sithatha isibonelo somlingiswa oswele imali yokubhalisa eNyuvesi unyaka wokuqala.

Isizinda naso siyasibheka kulolu hlobo lwendaba ngoba siveza isikhathi sezigameko, indawo yezigameko nesimo senhlalo ngaleso sikhathi sezigameko.

Indaba ivamise ukwenzeka endaweni eyodwa, ingagcogcomi. Isikhathi sesizinda singabi side futhi sishintshe kaningi, kanti nenkinga ehambisa izigameko ayibe yodwa, noma zibe mbalwa kakhulu.

Kulezi zindaba ezifakwe kuleli qoqo, isizinda sibaluleke kakhulu: isikhathi sokhuvethe esiveza isimo esinzima senhlano ngenxa ye-*lockdown*. Isibonelo: 'Akusensuku zatshwala' ebhalwe ngu-E.B. Maphumulo.

Abalingiswa: UMjanyelwa, uMaNgcongo, uMthombo kanye namaphoyisa.

Umlingiswa oqavile/omkhulu/ ohambisa indaba/ ongumgogodla wendaba: UMjanyelwa ngoba nguye obhekene nezinkinga kule ndaba. Simthola ekuqaleni kuze kube sekugcineni kwendaba.

Isizinda: Isizinda esifaka isikhathi, indawo nesimo senhlalo evela ngendlela elandelayo.

Isikhathi: Isikhathi esokuvalwa thaqa kwezwe, kulandela imigomo ka-*level 5*.

Indawo: Indawo kusemakhaya lapho kusaluswa izinkomo khona. UMthombo uzitika ngotshwala besilungu nakuba izwe livalwe thaqa.

Isimo: Isimo sibi kakhulu, izwe limi nse, akunyakazeki.

Udweshu lwangaphakathi: UMjanyelwa ukhathazekile ngokuthi ingane yakhe iyombathani uma isizelwe, nakhu phela izitolo zivaliwe, kanti nemali akanayo.

Udweshu lwangaphandle: UMjanyelwa ulwa noMthombo omxosha kwakhe. UMjanyelwa noMthombo bayaboshwa ngoba balwa nemigomo yekhorona yokungaphuzi utshwala.

Indikimba: Indikimba yinye edingidwayo lapha: izinkinga ezidalwa umvalelwandlini. UMjanyelwa nomngani wakhe uMthombo bayaboshwa ngoba bephule umthetho we-*lockdown*, batholakala notshwala. Utshwala abudayiswa. Ngokuya ngomthetho we-*lockdown*, abatholakala notshwala nabatholwa phandle bephuzile, bavulelwa amacala emaphoyiseni, baphoqwe ukuthi basho ukuthi utshwala babutholephi.

Ligaya ngomunye umhlathi

Evangeline Bonisiwe Zungu

"Thina lapha ekhaya umuntu oseganiwe simthuna ngendlela enesizotha nehloniphekile. Lokhu okushiwo uHulumeni kumele kubukwe ngeso elibanzi. Akakwazi ukuthi asehlukanise namasiko. Uzofike emukeleke kanjani kobabamkhulu uZenzo uma engaphelekezelwanga ngenkomo? Khona wake wakubonaphi ukuthi amakhandlela omuntu ononkosikazi ahlale wodwa kanje, unkosikazi angafiki ukuzogoyela umyeni wakhe? Ake ngivukele emaphoyiseni eKranskop kusasa, ke ngiyobuza kahle ngalo mhlola," kusho uBhengu, uyise kaZenzo, enikina ikhanda ephuma. Ubefuna ukumfihla ngokwesiko umfana wakhe, kepha uvinjwa yile migomo enzima yekhorona. Kumgwaza inhliziyo ukucabanga ukuthi uZenzo uzomthunwa ngendlela engenaso isizotha. Uthukuthelele ngaphakathi. Kuthi alwe, kepha alwe nobani? Alwe nala maphoyisa alokhu aphuma engena emzini wakhe? Cha! Lokho ngeke kumsize, akafele ngaphakathi.

Kunzinyana impela lapha kulo muzi wakwaBhengu njengoba besemanzini nje. Kuhambe insizwa yakhona endala okuyiyona ebimise umuzi ngayo yonke into. UZenzo lona ubengumuntu ohamba inkonzo nokho engawalahlile amasiko akhule egcinwa kubo. Ushona nje ubenguthisha lapha eMpolweni High School. Ube esethenga umuzi ePanorama, eMaritzburg ukusondezela umsebenzi. UZenzo-ke ubengumuntu ozilungele impela. Nasesikoleni abawuvali umlomo abebesebenza naye ngomusa wakhe, kanjalo nangokuba wusizo kumuntu wonke. Izingane-ke zona zife olwembiza ngothisha wazo wolimi lwesiZulu. Njengoba abantu abaningi bengasalunaki lolu limi ngenxa yokuba kuthiwa umsebenzi ongawuthola ngalo awunamali etheni, seluvame ukuba yinto esemuva kwezinye izilimi. Umfoka Bhengu yena ubengakugqizi qakala lokhu, esho nokusho ukuthi uma lungaphakanyiswa abantu abasebasha ulimi, abaluncele ebeleni, luyoshabalala. Ubelufundisa ngokuzinikela futhi ekhipha abafundi bekhethelo kwamatikuletsheni. Abafundi bakhe bebemazi ukuthi akayihleki into engahlekisi uma sekuziwa emsebenzini kodwa futhi enothando lwabo futhi ebanakekela. Yikho bekuzwela kubona njengoba uthisha wabo bese kumjwayele ukulalilswa esibhedlela nganxa yesifo somdlavuza. Bekudingeka ukuthi ahlale ahlale ayokwenziwa i-*chemotherapy* okuwukwelapha ngenhloso yokushisa izicutshana ezibizwa ngama-*cell* amumethe umdlavuza ukuze ungabhebhetheki emzimbeni.

UBhengu usakhumbula kahle. Noma esakhula uZenzo, wayengumuntu obathandayo abantu, futhi ohloniphayo. Nakuba ebefundile kodwa ubungeze washo uma umfica emicimbini yangakubo eNtunjambili, okuyindawo yasemakhaya eseduze nedolobha laseKranskop. Yebo, yile ndawo echazwa enganekwaneni, likhona futhi nalo itshe likaNtunjambili nezintunja zalo ezimbili ezabonwa amazimuzimu. Kwakuthi uma kunemicimbi emizini engomakhelwane, naye abambe iqhaza, futhi abe khona nalapho kuhlangene khona izinsizwa. Ukhule engumuntu oziqoqile. Noyise waze wezwa mhla esethi uthumela abakhongi ukuthi uyathandwa. Kwajabulisa wonke umndeni lokhu ngoba naye umakoti kwakuyintombi eziphethe kahle yasesontweni, futhi efundile. Yingakho kwaba lula ukuba bathenge isithabathaba somuzi kanye nezimoto. Imnandi impilo kulo mndeni. Nezingane abazitholile okuwumfana nentombazane ziphila ntofontofo ekhaya elifudumele. UZenzo nomkakhe babe sebengabantu abade bevela nje ekhaya uma kuphele inyanga belethe igilosa. Noyise njengoba esezigugele nje, bekumjabulisa ukubona umakoti nendodana bediliza izibiliboco emotweni. Nemali yempesheni yakhe ubesevele azenzele lokho akuthandayo ngayo.

Nakho ukutholakala kokuthi unesifo somdlavuza uZenzo kuwushaqile umndeni ngoba bengazi ukuthi simuzweni lesi sifo esingelapheki. Lokhu kwakusho ukuthi kumele aye esibhedlela saseGrey's ngaphandle kancane kwedolobha laseMaritzburg. Ubuhlungu obulethwa yilesi sifo bebumenza angalali ebusuku. Amaphilisi abamnika wona ukudambisa izinhlungu, kwesinye isikhathi abengamsizi ngendlela afisa ngayo. Kwamsiza nokho ukuthi unonkosikazi omnakekelayo, naku lobo buhlungu ema naye. Noma kunjalo, uBhengu kwamphatha kabi njengo mzali.

Njengoba eze eficwa wukufa nje ubeye khona eGrey's Hospital eyothola yona i-*chemotherapy* ukuze isize kulesi sifo. Kulokho kuya esibhedlela sekusoleka ukuthi bonke ababezothola lokho kwelashwa sengathi batheleleke ngegciwane lekhorona. Leli gciwane laliqale kwelaseShayina, lahanjiswa abantu ababekade bephesheya kwezilwandle. Umuntu limngena njengomkhuhlane, bese livala umgudu wokuphefumula. Elimphethe kuba sengathi uphethwe wumkhuhlane onamandla. Naye uZenzo uqalwe yiwo umkhuhlane, wamenyusela izinga lokushisa komzimba ngendlela emangazayo. Umkakhe wabona kukuhle ukuba amphuthumise esibhedlela ukuze athole imithi. Okwaba yibhadi yikho lokhu okwavelayo uma bemxilonga odokotela. Bathola ukuthi usehaqwe yilo igciwane lekhorona.

Yikho ekhuluma ngokukhathazeka nje uBhengu, kulungiselelwa umngcwabo wendodana yakhe ebiyikho konke kuye. Ngokosiko lwabantu abangamaZulu, bekumele ngabe ngoLwesihlanu kufika isidumbu sakhe sizolala ekhaya, nokho asikho ngoba asivunyelwe ukuba phakathi kwabantu ngoba bangase batheleleke igciwane lekhorona. Akuphithizi muntu nalapha ekhaya njengemvamisa uma kuzoba nomngcwabo. Kuthulekile nje. Akukho natshwala obuvovwayo namuhla. Netende elifakiwe alivaliwe phansi ngoba kufanele kungene umoya owenele. Abomkhaya bahlezi ngokuqhelelana endlini njengomyalelo kaHulumeni. Kuthiwe akumele basondelane ngoba kungaze kwenzeke ukuthi kukhona asebehaqwe yigciwane abangaze bathelele abanye. Phela leli gciwane kuthiwa litholakala oketshezini oluphuma emzimbeni njengamathe, ukuthimulelana nokuyinto engavumelekile kubantu. Kuhleziwe nje uBhengu uyathatha uyabeka ngalesi simanga somngcwabo ongakaze ubonakale ngisho endulo.

"Kodwa bakithi nake nawubonaphi umngcwabo onjena ngalona. Lafa ngami boNgcolosi!" kusho uBhengu.

"Eyi, mntaka mfowethu, lisilahlile ngoZenzo. Kodwa ngegugu lakho Ngcolosi, hi… hi…" kusho isalukazi esingu-anti kaBhengu sesula izinyembezi ngesikhafu.

"Bese ngivumile babekazi ukuthi umntanami kungenzeka ahambe ngenxa yalo mdlavuza obumkuqakuqa. Ubesefile yizinhlungu umntanami. Kodwa bengingazi ukuthi uzovele ahambe ngomkhuhlane nje obungalindelwe muntu! Umkhuhlane pho! Nalaba abahamba bayosilandela leli gciwane phesheya bake basiyala!" kubalisa uBhengu.

"Engabe kwakuyokwenziwani khona lapho kuze kubulawe umntano mntakamfowethu?" kubalisa isalukazi.

"Akusasizi lokho, anti."

"Inkinga yiyo le yokuthi akezuphelezelwa ngesikhumba senkomo. Iyophinde ilungiswe kanjani le ndaba? Nala ekhaya akezungena uZenzo! Hhawu! Ngilishaya alikhali."

"Futhi angiyazi le nto mina."

Ziningi izinto ezabe zizolungiswa ukuze uZenzo ahambe ngendlela eyejwayelekile. Njengoba eshone eseganiwe uZenzo, ubefanelwe wukuphelezelwa ngenkomo, isikhumba sayo semboze ibhokisi njengokosiko. Bebefisa ukuba kube nehlamvu lomlahlankosi elizomlanda embhedeni wasesibhedlela athulele kuwo. Abakwenzanga lokho. Emuva kwalokho, bebezomlanda ngehlamvu lomlahlankosi ngoLwesihlanu emakhazeni. Abakwenzanga nalokho. Kwaba buhlungu emndenini ukuba angalali ekhaya kuzosa angcwatshwe njengenjwayezi. Umndeni ubuzogonqa, umhubele kuze kuse, unkosikazi amgoyele njengokwesiko. Bebezomhola ngesihlangu sakhe bamphelezele aze ayobekwa endlini yakhe yokugcina. Unkosikazi wakhe ubezosuka ethuneni kungakaqedwa ukugqitshwa, ahambe

18

angabheki emuva eseyogeza emfuleni ohambayo. Leli gciwanyana elingakaze libonwe muntu kodwa elibonakala ngembubhiso likushabalalise konke lokho. Liyabusa. Lingumakhonya. Konke okwenziwayo kuhlonishwa lona. Kugwenywa lona. Kuvikelwa lona. Yimicabango kaThulisile lena ebuka ukuthi naye kumele athobele isimo, amdedele ahambe uZenzo wakhe.

Ekuseni ngosuku lokumfihla, ezakadalawane zase zigcwele igceke, zizobheka ukuthi akukho yini okuphambene nomthetho, okuzokwenzeka kulo mngcwabo ongajwayelekile. Ukufika kwabo nje bacela ukukhonjiswa lapho kumbiwa khona ithuna. Kwaba wukubuya kwabo nje ekhaya babethi: "Khehla, abantu abambayo sesithe abame ngenxa yokuthi abanazo izimfonyo lezi ezivala umlomo namakhala. Ngeke bakwazi ukuqhubeka nalo msebenzi ngoba bazothelelelana ngegciwane uma kukhona ongaba nalokhu kufa phakathi kwabo," kusho uSayitsheni.

"Okwami kodwa bakithi! boNgcolosi ningilahleleni? Sengizowathathaphi manje amamaski Nkosi yami?"

"Kanti akhona laphaya eKranskop esitolo okuthiwa yiKwasizabantu. Adayisa ngamakhalibhoshana amancane, ikhalibhothi lizonela wonke umuntu ngisho nomndeni. Niphathe namaplastiki amakhulu amnyama lapho okuzofakwa khona izitshana zephepha lezi okuzophakelwa kuzo, bese ziyoshiswa."

"Hhawu akusaphakelwa emapuletini afayo?" kubuza uBhengu.

"Akufuneki izitsha zangempela ngoba kungenzeka zisabalalise igciwane njengoba lihlala isikhathi endaweni elisuke selikuyo," kuqhuba uSayitsheni.

"Kwaze kwanzima ukuphila naleli gciwane. Leli gciwane lisiphilisa ngokwesaba, sesethuka izanya.

Kwakuyinkinga konke okuphathelene noZenzo. Ngeke esangcwatshwa njengomnumzane. Kuze kushaya lesi sikhathi nje unkosikazi wakhe yilokhu evaleleke emzini wabo ePanorama. Ubelokhu ematasatasa namalungiselelo omngcwabo. Naye yilokhu amgcina esibhedlela umyeni wakhe. Akavunyelwanga ukuyombona esagula ngoba izivakashi bezingavunyelwe ezibhedlela ngenxa yokwesaba ukubhebhetheka kwesifo emindenini yeziguli. Uma esethule usebizwa abangcwabi ukuba azomkhomba umyeni wakhe. Nakhona wayembuka ngewindi ukuze amhlonze. Yilokho amgcina ngalelo langa esesuswa esibhedlela eya emakhazeni. Uma esebuyela emzini wabo usefika eselindelwe abezempilo bezomnika imiyalelo okumele ayilandele. Kwase kumele kukhucululwe umuzi wakhe wonke ngezibulali magciwane. Unkosikazi nabantwana bakhe kwase kufanele bahlolelwe leli gciwane, ngesikhathi besalinde imiphumela, futhi bangahlangani namuntu. Lokhu kwakusho ukuthi bazohlala bodwa bevalelwe. Kwakusho ukuthi ngeke agoye amboze ngengubo ecansini kumbe kumatilasi njengokwesiko. Amakhandlela akhanyisiwe ekhaya kwaBhengu kwabekwa nezingubo zikamufi kodwa engekho omzilele. Umndeni usududuzwa wukuthi uzihlalele wodwa, azikho iziboni ezingenayo ngenxa yesimo esikhona ezweni. Akuvumelekile ukuba abantu bavakashelane ngokomthetho kaHulumeni.

Kwakubuhlungu konke lokhu kunkosikazi kaZenzo ngoba wayebona abantu bemenyanya futhi bengamsingethe esemanzini. Lokhu kwakwenza ayizwe isikeka sakudabuka inhliziyo.

"UZenzo usengavele angishiye kalula kanjalo nje ngenxa yegciwanyana nje elingatheni? Okungiphatha kabi kakhulu ukuthi angikwazanga nokumvakashela esibhedlela. Nginesiqiniseko sokuthi ubezizwa enganakiwe ehlezi yedwa," kubalisa uThulisile. Kuthi kusenjalo kungene ucingo oluvela ekhaya eNtunjambili. Kwakushaya u-anti uMaBhengu? Engabe kwenzekani ekhaya? Alubambe ucingo, abingelele, "Hello, anti."

"Yebo makoti, ninjani kodwa lapho nabantwana?"

"Siyaphila anti, lokho okungatheni nje. Nokuhlala ngale ndlela kunzima kimina. Nomndeni angiwuboni eduze kwami, ngisho abakithi akukho noyedwa. Hhayi ibuhlungu le nto, hi…, hi…, hi…." akhihle esikaNandi uThulisile.

"Hhawu mntanami ungakhali kangaka, uzovimbela uZenzo. Umndeni awukulahlile ntombazane, into nje silalele umyalelo wabomthetho wokuthi akumele sihlangane nani kuze kube nithola imiphumela yokuhlolwa kwenu. Futhi nje thina esesisempeshenini sisengozini kakhulu ukuthola lesis sifo, yingakho nomama wakho okuzalayo engeke akwazi ukuzohlala nawe."

"Ngiyakwazi konke lokho anti, kodwa hhawu kubuhlungu uma sengiyinhlwa kanjena", kusho uThulisile.

"Sizoba nawe mntanami ngezinhliziyo nangomkhuleko. Izinto ziyahlangana kodwa lapho makoti?"

"Akukho lutheni oluhlanganayo ngoba vele akumele kulungiswe lutho oluzohlanganisa abantu."

"Kwaze kwabuhlungu lokho. Ngangingazi ukuthi umngcwabo womyeni wami uyoba nje. Sobabili besinemishwalense yomngcwabo ngoba sifuna ukungcwatshwa ngesizotha, nezingane esizifundisayo zibe khona, zizovalelisa kanjalo nozakwethu. Akusenani-ke ngoba impilo ayimi ngendlela ofisa ngayo. Yizabelo ngezabelo!" kubalisa uThulisile.

"Kunjalo mntanami. Konke okomdali, ngeke sikwazi ukuphikisana nohlelo lwakhe ayelubeke umhlaba ungakasekelwa."

"Kunjalo anti. Ngisayogeza ngilungiselele ukuzobeka ithemba lami," avale ucingo uThulisile maqede aphonseke endlini yokugezela, ageze. Ulunga nje nezingane ziyageza nazo. Balunge, maqede bangene emotweni, ayishaye izule uThulisile, ebheke eNtunjambili. Akayizwanga nendlela, akabonanga namajika akoNew Hanover nakoGreytown. Yayizishayela yona imoto. Ingqondo yakhe yayilwayiza kude ezinkalweni. Ezibona engasenamkhulumeli, engasenamlweli. Izingane zabo zazisencane ngakho wayekubona kuzoba wumqansa ukuzikhulisa eseyedwa. Nakho lokhu kungavumi kukaHulumeni ukuba kuhlangane imindeni kuyamlimaza. Uyazizwa ukuthi udinga abazomelekelela, kodwa akuvumelekile. Akabethwesi cala nabangafiki ngoba kudingeka nemvume ukuba umuntu akwazi ukuhamba ngokukhululeka. Lezo zimvume zidinga izizathu ezizwakalayo ukuze zikhishwe. Wayekwazi konke lokhu, kodwa kwakungakususi ukuthi udinga ukwesekwa.

Ekufikeni kukaThulisile kwaBhengu, amaphoyisa awamvumelanga ukuba ehle emotweni nezingane, bahlangane nomndeni nakhu nemiphumela yabo emayelana naleli gciwane ayikakaphumi. Kwamkhalisa kakhulu lokhu uThulisile.

"Ngaze ngahlukunyezwa ngivele ngihlukumezekile. Kanti mina ngoneni bakithi? Ngeke ngisabona nalapho ezongcwatshwa khona umyeni wami bakithi? Nezingane zami ngeke zisangena ngisho egceken,i zibone ezinye zakubo, ziduduzeke?"

"Ngeke kulunge lokho sisi. Eqinisweni nje bekungamele ngisho ngabe niphumile endlini neza ngapha ngokwesimo senu. Bekumele ngabe nihleli endlini kuze kuphume imiphumela yenu. Ngokomthetho kumele ngabe siniphindisela emuva kwamanje nje. Kodwa-ke ngoba singabantu, sesizonizwela nje, sinivumele nihlale." Kusho umsebenzi wezempilo okunguye ophethe.

Kuthi kusenjalo, uThulisile abone uyisezala esondela emotweni abahlezi kuyo nezingane. Afike akhulume: "Makoti, siyajabula ukuthi nihambe kahle mntanami naphepha nasezingozini emgwaqweni. Bengikhathazekile njengoba ubuzishayelela nje, akumnandi kodwa-ke yimpilo leyo mntanami. Basitshele ukuthi abazonivumela ukuba nisondele kithi nabazukulu bami. Sengithi angikwazise ukuthi ngicele uMfundisi uNzuza ukuba enze

23

umkhuleko wokumkhuphula uZenzo. Kuthiwe akufanele kweqe emizuzwini emihlanu esizokwenza noma ngabe kuyini. Emva kwalokho kumele aphuthunyiswe ethuneni lakhe, bese kugqitshwa masinyane. Akekho owaziyo ukuthi lolu hlobo lomngcwabo lwenziwa kanjani, silandela esikutshelwa abomthetho nabezempilo mntanami. Bathe ngeke avulwe uZenzo ngenxa yalokhu kugula, ngakho-ke ngeke sazi noma uyena ngempela yini lona osebhokisini."

"Kuyezwakala Baba, ngiyabonga ngakho konke esenikwenzile ukuqinisekisa ukuthi uZenzo ungcwatshwa kahle nakuba isimo sisibi kanjena. Sebesitshelile abezeMpilo ukuthi uma kuqedwa ukungcwatshwa kumele sihambe, singaze sihlangane nabanye, akukho-ke esingakwenza ngaphandle kokuthobela umthetho," kusho uThulisile ngesibibithwane.

"Ungakhali mntanami, okwenzekile sekufana nokudaliwe. UJehova uzokupha amandla umise ikhaya, uphinde ukhulise abazukulu bami. Uma iNkosi isangibekile nami ngizokubambisa la kusinda ngakhona. Qina nje, ume isibindi." kusho uBhengu.

"Ngiyabonga Baba."

Phela ufika nje uThulisile imoto ethwele isidumbu somyeni wakhe isivele isiphambili. Kumethuse nokho ukuthi abangcwabi bavele bakhipha iveni engenalo ngisho itende kunemoto ethwala izidumbu ukuba ithwale umyeni wakhe. Kumdide lokhu ngoba yena ubelindele imoto enesizotha. Nokho abangcwabi banikwe umyalelo ukuba basebenzise imoto evulekile njengalena ukuze ibhokisi lishaywe wumoya. Athi qala qala, kodwa lutho ukubona

24

amadlelo aluhlaza, umshini wokwehlisa ibhokisi netende elincane lokukhoselisa umndeni emathuneni. Ufike wachaza kuBhengu umshayeli weveni ethwele isidumbu ukuthi akaziphethe lezi zinto ngoba azisetshenziswa kumuntu obe nalesi sifo ngoba uma sezibuyela emuva, kungenzeka zibe sezinegciwane. Nakhona emathuneni asikho isidingo setende lokukhoselisa umndeni ngoba akufuneki kuhlalwe.

Kuthule egcekeni ngeke kusho ukuthi wumngcwabo womuntu obesekhulile lona. Ukube ayikho le mvalelwakhaya ngabe kuyaphithiza izingane zesikole, othisha nabahloli bezophelezela igugu labo. Ngabe kuphithiza omakhelwane abazofaka isandla kulokho okudinga ukubanjwa. Nomndeni ngabe uphelele wonke kodwa lokho akuvunyiwe ngoba isibalo sabantu akumele sedlule kwabangama-50 ukuzama ukugwema ukuthelelana kanjalo nokubhebhetheka kwesifo. Ukufika kwalolu bhubhane kukuqedile ukuhlanganyela okudalwa wubuntu kubantu. Kumele kuqhelelwane, ongaphesheya kube ongaphesheya. Akusekho ukukhalisana nokuthwalisana. Indoda wumazibonele. Ukufa kungene kwagxila, kwazenzela emiphakathini evele ihlwempu. Konke lokhu kudlala njengefilimu engqondweni kaThulisile obukeka ekude ngemicabango. Akavunyelwe nokuba ehle emotweni nabantwana bakhe ukuze bangahlangani nomndeni.

Ikhehla elinguBhengu selitsheliwe ukuthi alithole umuntu ozokwenza umkhuleko omfishane ngaphambi kokwethula ibhokisi emotweni. Uma lisuka eveneni liqonda ngqo ethuneni, lifakwa phansi, kuyagqitshwa, kubuyelwa ekhaya. Abezempilo nabo sebegqokise abafowabo bakamufi abazozibambela ibhokisi izingubo zokuphepha. Umfundisi uNzuza usenza umkhuleko omfishane nje ukwenyusela uZenzo eNkosini. Njengomuntu obeyikholwa kuyinto ebalulekile lena nakuba bebengavunyelwe ukuba babe nenkonzo egcwele. Wezwakala ekhuluma ngezwi elivevezelayo uBhengu: "Zenzo silapha phezu kwethambo lakho siwumndeni, sethemba ukuthi uwena lona olele lapha phakathi. Hamba kahle mfana wami, hamba kahle Ngcolosi. Ukulwile ukulwa okuhle! Ayikho inkomo yokukuphelezela ngenxa yemithetho yokugula ohambe ngakho, kodwa sethemba ukuthi bazokwemukela oNgcolosi. Alikho ihlamvu lomlahlankosi ngoba besingavunyelwe ukukulanda esibhedlela nasemakhazeni. Asazi ukuthi konke lokhu kuyolungiseka kanjani uma sekudlule lesi simo esikuso. Kodwa lokho esikwenzayo sikwenzela ukulungisa isimo."

Uthe engcwatshwa ngokusheshe umntanake, uBhengu webe ezibuza imibizo eminingi: Kuyolungiswa kanjani lokhu okonakala ngenza yale migomo yekhorona? Mhla kwehlambo kuyoqalwa kuphi? Kuyoqalwa ngomlahlankosi ukuthi ayolandwa lapho okungasaziwa khona? Uyobuyiswa ethathwa kuphi uZenzo njengoba kunenkolelo yokuthi usesembhedeni athulela kuwo nje? Ngabe kuyoqalwa phansi uZenzo aphelezelwe ngesikhumba senkomo esaba mathambo? Uyoba yidlozi elinjani umuntu ongagcinelwanga izimfanelo? Umndeni wakhe aya kuwo ngaphesheya kwethuna uyomamukela kanjani engagcinelwe izimfanelo? Kusinda kwehlela. Itshe ligaya ngomunye umhlathi iNkosi impela!

Umsebenzi wokuzicijisa

A. Imibuzo emifishane

1. Kungabe lesi sifo sekhovidi siwahlukumeze kanjani amasiko ethu? Beka ngamaphuzu amabili.
2. Ubani umlingiswa omkhulu kule ndaba? Sekela impendulo yakho.
3. Ngubani imbangi kule ndaba? Sekela okushoyo.
4. Siluthola luvela kanjani udweshu lwangaphakathi kule ndaba?
5. UZenzo noThulisile Bhengu babenza msebenzi muni?
6. Wayeguliswa yini uZenzo?
7. Wabulawa yini uZenzo?
8. Ake uhluze le nkulumo elandelayo.

    a. Ozakwabo
    b. Ukufa olwembiza
    c. Ukubamba iqhaza
    d. Ukumqukaquka
    e. Oseganiwe
    f. Ukuqonqela
    g. Ukuqoyela
    h. Amasiko
    i. Zife olwembiza
    j. Abaluncele ebeleni
    k. Amazimuzimu
    l. Abambe iqhaza
    m. Umuntu oziqoqile
    n. Ziphila ntofontofo
    o. Uyathatha uyabeka

    p. Uthuka izanya

    q. Ayishaye izule

    r. Isibibithwane

    s. Kusinda kwehlela

9. Babehlala kuphi oZenzo noThulisile?

10. Wayelaliswe kusiphi isibhedlela uZenzo?

11. Yini lena eyenza uThulisile akhale kakhulu, futhi angaduduzeki?

12. Chaza ukuthi ikhehla lakwaNgcolosi lalikhathazwa yini kakhulu?

13. Yini edala ukudideka okukhulu kwaBhengu?

14. Kungani amadoda anqatshelwa ukugqiba emathuneni ngendlela eyejwayelekile?

15. Endabeni kuthiwa yini umsebenzi wenkomo uma kushoniwe?

16. Endabeni kuthiwa umlahlankunzi usebenzani uma kufiwe?

17. Ngabe le ndaba ilandwa ngumlandi wokuqala, wesibili noma wesithathu? Sekela impendulo yakho.

B. Imibuzo emide

Bhala i-eseyi usho ukuthi lesi sifo sokhuvethe sibahlukumeze kanjani laba abafelwe. Bhala kube yi-eseyi ehleleke kahle ngokwezigaba ze-eseyi ejwayelekile. I-eseyi yakho ayibe ubude bamagama angama-300.

Akusensuku zatshwala

E.B. Maphumulo

Wathi angabuya ukuyophuzisa izinkomo uMjanyelwa, wabe esezikhuleka enhla komuzi. Yilona kuphela umsebenzi wakhe, ukulusa lezi zinkonyana. Waqonda phansi kwesihlahla esiseduze kwendlu enkulu. Wazijikijela phezu kwesihlandla esabe sivele sindlaliwe, walala ngomhlane, wamisa amanhlakomuzi. Phela labe lishisa likhipha umkhovu etsheni.

Isishayile, umsebenzi wanamhlanje usuphelile. Yiwona msebenzi wakhe ukwelusa izinkomo zakhe ekuseni, uma esezikhuleke enhla komuzi emini, sekuphelile. Umsebenzi awukho lapha emakhaya. Bahlalela ukuzula, ukulala ngomhlane, noma ukuya etshwaleni. Njengoba elele ngomhlane nje, uyazibuza ukuthi ngabe umngane wakhe uMthombo kukhona yini angamphuzisa khona. Useyancishana kulezi zinsuku zekhorona. Noma kunjalo, uMthombo kunesigodi abuthola kuso utshwala. Uhlala enabo, akaphelelwa.

Afikelwe isizungu. Isihlahla sikamango phezu kwakhe sabe sibunganyelwe yizinyosi, kwazise phela sase siqala ukukhahlela. Yena wazibuka ezincoma ukuthi zithakasile, nakhu phela zibunganyele zibubulela phansi. Yena uzidliwela ngumzwangedwa wokuhlala ekhaya ajamele izindonga.

Kwasondela uMaNgcongo emphathele isicathulwana, wafike wasibeka eduze kwakhe qede wabuyela endlini. Unyathela kancane, kwazise ukhulelwe. Akusensuku zatshwala andise umuzi wakoManonoza. Ilindwe ngamehlo abomvu le ngane ethwelwe nguMaNgcongo.

UMaNgcongo waphuma esephethe umsakazo omncane. Wawubeka eceleni komyeni wakhe, wayesecupha eduze komyeni wakhe. Selokhu kwasukela ngesonto eledlule uMaNgcongo ehlezi ekhaya, useyasizwa isisindo sokuhlala ekhaya. Umuzi wakhe negceke uzwa kumesinda. "Kumele sizwe ukuthi kwenzekani ezweni Madlanduna. Izwe liyadunguzela, kuthiwa asihlale ezindlini. Inhliziyo yami iyakhonoda baba uma ngikubona wehla wenyuka. Nami angihlezi ngoba ngithanda, ngithobela umthetho." Ukhuluma nje uyawukulufa umsakazo uMaNgcongo, ubuye unqabe ukukhala, kwazise kade wahlala. Phela uMjanyelwa yena udlala inkunzimalanga lena ebubula kudume lonke leli laseMashiwase uma esedlala izingoma zakhe zikamasikandi noMthombo. Athule u uMjanyelwa kube sengathi udla amathambo ekhanda, asibuke isithandwa sakhe, abuye asinge kude.

"Okwanamuhla angizosiphuza lesi sicathulwana sakho MaNgcongo. Ngikhathele yilesi sitshodo. Kukhona icebo esizolidala sinoMthombo. Asikwazi ukuthi singabulawa yindlala ngenxa yokuvalelwa endlini ngenxa yale khorona. Ziningi izinto ezingilimalele le eThekwini nkosikazi, okukhulu kunakho konke yimali yami esebantwini. Ngizalanise kahle ngenyanga edlule, kodwa manje sengathi seligaya ngomunye umhlathi." Asho avuke, ahlale ngesinqe. Ngaleso sikhathi nomsakazo usuqala

30

ukuhohoza, uMaNgcongo ude ewushaya kakhudlwana. Uthe usuka wabe umpongoloza kakhulu sengathi uyaduba.

"Ezihamba phambili yizo lezi zokuboshwa komfundisi otholakale esontisa ngalesi sikhathi lapho kuvalwe yonke into ezweni. Lokhu kuthathwe njengokwephula umthetho weCovid 19 obekwe nguHulumeni. Abazalwane abebehlanganyele naye umfundisi enkonzweni nabo bakhalelwe ngamasongo kaSigonyela. Kulindeleke ukuthi bavele enkantolo yaseMbumbulu ngoMsombuluko." Yasho kwangathi iyosithela intombi efunda izindaba. Wawehlisa kancane umsakazo uMaNgcongo qede wabuka umyeni wakhe ngehlo lokuhlola insimu: "Uzwile-ke Mshibe? Kuvele kwaziqondanela, nalobu tshwala okhala ngabo uyobuthola emandulo, kumele kuthotshelwe umthetho weCovid 19 ngoba kusizwa thina."

"Ngicela uyekele kimina konke MaNgcongo, bayazi laba abashaya imithetho, nami ngiyazi futhi ukuthi kumele indoda izicabangele uma kunje. Angithi usivalele endlini ngoba esithanda uHulumeni? Nami kumele ngitshengise uthando lomzimba wami, ngiwuchithise isizungu ngokuwunika lokhu okudingayo. Angisalali ebusuku ngikhonondelwa umphimbo nkosikazi. Sekufuneka ugologo!" Ambuke kancane umkakhe amoyizele, maqede athi kuye, "Phela wona uyangikhumbuza ukuthi ngiyindoda." Akhulume qede ome yinsini uMjanyelwa.

"Kodwa MaNgcongo uthi uyazizwa nje ukuthi uthini? Nale mali othi uzoyiqoqa ebantwini angazi uzoyithathaphi ngoba abantu abaningi bagodukile, kuvalwe yonke into." Wathi ethi uyaqhubeka uyakhuluma uMaNgcongo, yakhahlela ingane esiswini, waze wagoqana eyizwa iqhubukusha ohlangothini. Wethuka, wakhiphela amehlo ngaphandle uMjanyelwa uma ebona uMaNgcongo ethule, ebambe ohlangothini umkakhe.

"Hhawu! Kwenzekani nkosikazi? Yisho siqashe imoto, luphi lona ucingo lwami? Kambe nengane ayithengelwe ngoba nezitolo zivaliwe? Nansi inkanankana wemadoda, yinto engizoyithini lena nkosikazi?" Wathi uma ebona uMaNgcongo esehlise umoya, wakhululeka naye uMjanyelwa.

"Ingane ibiguquka baba, ungethuki. Kuyimvelo, kumele inyakaze ngoba uma isithule kuyoba yinkinga futhi."

"Ngiyakuzwa nkosikazi, kodwa mbathiswani leyo ngane? Uyayibona inkinga ebicashile? Khuluma nkosikazi, kwenziwa njani uma kunje?" esho esukuma uMjanyelwa.

"Ayikho into engingayisho baba, njengoba ususukuma nje, ngiyazi ukuthi usuya kobonisana noMthombo. Angazi ukuthi uxoxani nabantu abangaganiwe. Kumele uhlezi useduze kwami ngoba akusensuku zatshwala ngifikelwe yimihelo, ngingasikwa noma yinini. Indaba yezingubo zengane iyobonakala uma isifikile, akufe muntu Madlanduna."

"Ngisathi qu, la kuMthombo nkosikazi, ake sikubeke eceleni ukuthi akaganiwe, yinto engasho lutho leyo. Empeleni yena unguntanga yethu futhi ungumngani wami. Ngeke ngimlahle ngoba naku mina senginyukele kwelinye izinga." Washo ephuma ngesango, ehamba eshaya ikhwelo uMjanyelwa. Kwasifonyo ayejwayele ukusifaka wabe esishutheke ephaketheni. Ilanga lase liya ngokuthambama, sekuvunguza umoya opholile wokushona

32

kwelanga. UMthombo wabe ezihlalela yedwa eziphilisa ngokukhandela abantu imisakazo nama-ayina kagesi. Wathi eseza nje uMjanyelwa wahlangatshezwa umsindo womsakazo ugqugquma phezulu. Waxakwa nje ngoba umngani wakhe wabe engabizwa ngalutho ukuthi wabe engathenga umsakazo. Wathi uma engena wamfica eshaye amanhlakomuzi ebeke ibhodlela likagologo eceleni kombhede. Washaywa wuvalo lwameqa uMjanyelwa.

"Bafo! Mthombo wommbila namabele!
Sitshodo sefumuka,
Utshwal'obubile busavutshelwa!
Zulazayithole! Mthombo wegazi."

"Ubuvusaphi utshwala izwe lomise kanje Mthombo? Awungithelele, ngavele ngoma kakhulu," esho enambitha ubala uMjanyelwa.

Wavuka wahlala ngesinqe uMthombo, wadonsa ingilazi, wamthelela engasayidlulisanga nasemanzini.

"Uyadlala wena Jam, ungadlani ungahlakaniphile? Ulibele ukujamelana nomfazi laphayana ekhaya kodwa womile? Mina ngiyisosha elizikhuzayo futhi elinomqondo. Buka nje ngidlala izingoma ngoba nginomfutho oyisimanga. Ngiyithengile-ke le mfana, iyagqoma." ekhuluma uMthombo kubonakala ukuthi kade ebuqalile utshwala. Wemukela ingilazi wayishayela ekhanda qede wanyukubala uMjanyelwa.

"Uyindoda mfoka Ngema, abantu bangakweya nje ngoba uyimpohlo. Mina kade ngoma, ngilibele ukugonqa laphaya

33

ekhaya nginkinxana nesitshodo. Wena uyivusaphi le nsimbi? Amabhodlela sitolo evaliwe nje? Kodwa mngani wami kumele ujwayele ukusebenzisa namanzi, uyabona ukuthi igciwane lingenisile. Ngibonile ukuthi nengilazi awuyiwashanga." kukhononda uMjwanyelwa.

"O! Nakho-ke, uyamuzwa umuntu! Usuthi utshwala bami, manje usungibeka amabala? Uthi mina ngiyinuku Jamu? Hamba-ke lapha kwami. Ngizokuthelela ingilazi egcwele bese uyaphuza uhambe." washo eyigalela yaba uhafu, wamnikeza. Wayamukela ngokusokola uMjanyelwa qede wayishayela ekhanda, qede wahlala wathula. Wasukuma wamvulela umnyango uMthombo.

"Hamba-ke bafo, sheshisa phuma ngifuna ukulala." Wathi ukugologoloza uMjanyelwa engafuni ukusukuma. Wavele wadonsa iwisa lakhe enhla kombhede uMthombo. Wasukuma sengathi uyasha uMjanyelwa, waphuma.

"Usuyangixosha bafo ngoba mina ngingenabo utshwala? Kulungile ngiyayivuma." Waphuma ehamba ekhilikithela waze wehlela kwakhe uMjanyelwa. Wafica uMaNgcongo esezingenisile izinkomo. Wafike wahlala egcekeni wahlabelela, abuye azibongele. Wamlunguza kancane umkakhe wathi, "Soyicela ivuthiwe." Waze wangena ebusuku endlini ngoba esezwa inja imkhotha ubuso njengoba wayesezunywe ubuthongo. Wangqongqoza uMaNgcongo wavuka wamvulela engeneme.

Wangena wazijikijela kusofa walala ja. Kanti selimngenile njalo igciwane lekhorona alithole kuMthombo. Isidumo sasuka ekuseni ngehora lesishiyagalombili. UMaNgcongo wabe esazicambale

34

lele embhedeni kodwa esevukile. Wayelalele umsakazo, owawufike ukhale kancane ubuye umemeze kakhulu. Wabona ngoMjanyelwa egulukudela ekameleni sengathi kukhona okumxoshayo, wezwa esethi, "Ngafa MaNgcongco, ngingasayibonanga ingane yami. Ngafa. Ngiyafa." esho ehlala echosheni lombhede.

"Yini Mshibe, udliwa yini?" ebuza ngomoya ophansi uMaNgcongo.

"UMthombo usengibulele, MaNgcongo. Kade ngithola ucingo, luvela kuyena. Usengibulele. Igciwane lekhorona." Avele adideke uMaNgcongo, asukume agqoke igawuni yakhe. Ezwe kodwa ukuthi isisu siyamsinda namuhla. Ezwe negazi lingemnandi, kubabe namathe emlonyeni.

"Ngisize MaNgcongo, ngafa, sengifile mina, ngingenwe igciwane lekhorona. Kungenzeka ngilithole kiMthombo ngalobu busafa bakhe. Kazi yini okwangihlanganisa noMthombo."

Wathi uyakhuluma uMaNgcono, wawuzwa umhelo wagoqana." Awu, ngisize Madlanduna, sengiyasikwa." Wavele wasangana ikhanda uMjanyelwa, kwahlwa emini. "Ungasikwa kanjani mkami isimo sinje? Vele ngeke ngisayibona ingane yami." Wazibhonqa uMaNgcongo, wamjamela uMjanyelwa, wakhexa. Waphonseka emnyango uMjanyelwa ezwa kuduma imbulense eyayibizelwe ukuzosiza umkakhe, kuyo kwehla abantu abagqoke ezimhlophe, bonke befake izifonyo. Waqonda kubona uMjanyelwa emadolonzima. "Umkami uyasikwa ngisizeni, vele mina sengifile." ezikhalela.

UMjanyelwa bamhlola, bathola ukuthi ungenwa ngumkhuhlane onzima, kodwa ojwayelekile, hhayi ikhorona. Kwathiwa ahlale endlini kakhe isikhashana engahlangani nabantu phandle kuze kubonakale ukuthi ayikho ngempela yini kuye ikhorona.

Yamthatha imoto yeziguli uMaNgcongo. Lithe lithambama kwabe kungena ucingo luvela esibhedlela ukuthi uMaNgcongo uthole ingane yomfana. Bamhlolile naye uMaNgcongo, imiphumela yathi akathelelekile ikhorona.

Wajabula wazungeza umuzi wonke uMjanyelwa ngoba phela wayesefikile uTusani emhlabeni. Izinsukwana efikile uTusani, uMjanyelwa wabonakala engasayi ngisho ukuyophuza, ehlezi emgonile umfanyana wakhe. Ubunzima obukhulu base budlulile kuyena. Wayesezwile kancane ukuthi uma selike lakungena igciwane lekhorona aliphinde libuye. Umngani wakhe wayemkhiphe ngesidlozana mzukwana begcina ukubonana. Eyamadoda iyadlula, ezicabangela uMjanyelwa ebuka ingane ilokhu inambitha ubala sengathi iyayifunda imicabango yakhe.

"Wase uthula kangaka baba kaTusani ucabangani?" ebuza emukela ingane uMaNgcongo.

"Ngicabanga ukuyophuzisa izinkomo, ngibuye ngizikhuleke enhla komuzi bese ngilunguza uMthombo." ekhuluma ebalekisa amehlo uMjanyelwa.

"UMthombo uze umbize ngoMthombo kodwa zolo lokhu kade uzohlolelwa igciwane ngenxa yakhe. Ngenhlanhla watholakala umsulwa. Manje usuphindela khona futhi? Uqonde ukuthi sitheleleke lapha ekhaya Madlanduna?"

"Kuthiwa awukuphathi kabili lo mkhuhlane MaNgcongo. Ubolalela uma kukhuluma izikhulu zeZempilo. Futhi phela akangithelelanga ngabomu umngani wami. Empeleni ngomile mntakwethu. Uma sekudlule lolu bhubhane ngizobuyeka utshwala, ngiyakwethembisa mama kaTusani. UMthombo unakho okokuthiba ukoma." washo esonga isiswebhu sakhe esigaxa egxalabeni uMjanyelwa. Wathi ukunyukunya ibhulukwe lakhe elimthende qede walikhwexela. Wathula uMaNgcongo wambuka umyeni wakhe ephuma ngomnyango, wathatha izinyawo waze wayophuma ngentuba, qede waya koqaqa izinkomo emhosheni. Waya koziphuzisa wabuye wazikhuleka enhla komuzi njengenjwayelo.

Washaya kancane esenyukela kwaMthombo. Namuhla umsakazo wabe ungakhali, kuthulekile. Wakhuleka esengaphakathi ngoba umnyango wabe uvuliwe. UMthombo wabe ehlezi esigqikini etikita i-ayina eliphukile. Lase limjulikusile impela, alikhande athi ulixhuma kugesi kuvele kuwe yonke wonke amaswishi endlini. Kwathi uma sekugqamuka nomlilo, wabona ukuthi ayingangaye. Walijikijela laphaya qede waphakamisa umbhede wabuya nebhodlela. Waqala wabingelela umngani wakhe owayesehlezi embukela esebenza.

"Asishaye lana Jamu ngoba liyangehlula leli ayina, futhi nawe uzele utshwala. Asigeze izandla kuqala, ukubona kanye ukubona kabili, sithe asingisusuluze lesi sifo ebengithi esabelungu." Washo emsondezela amanzi wase emthelela ingilazi emdlulisela. Baphuza bekhulumela phansi aze enyuka amazwi. Kwavela nokuthi umsakazo awukho nje uthathwe ngumnikaziwo njengoba wabe uzokhandwa. Kwase kuhwalala esecabanga ukushoshela ngasekhaya uMjanyelwa. Bezwa ngomsindo wemoto egcekeni, yangena iveni yabhuleka phambi komnyango.

"Sengiyanibamba madoda. Seniyokhuluma phambili eyokuthi nibuntshontshe kuphi lobu tshwala enibuphuzayo ngoba akuzona izinsuku zotshwala lezi." Asho engena endlini amaphoyisa apequlula, abuya namakesi amabili e*Smirnoff*. Abagaxa ozankosi. Wazikhalela uMjanyelwa: "Wangiphinda Mthombo, engabe uzothini umkami!"

Umsebenzi wokuzicijisa

A. Imibuzo emifishane

1. Ubani umlingiswa oyiqhawe kule ndaba? Sekela impendulo yakho.
2. Nika izigameko ezintathu eziveza ukushayisana kwangaphandle kule ndaba.
3. Ubani lona oteketiswa ngelokuthi 'Jam'?
4. Ngubani igama lengane kaMaNgcongo.
5. Yini lena ekhalelwa uMjanyelwa eThekwini?
6. Chaza le nkulumo elandelayo.
   a. Isicathulwana
   b. Ukwandisa umndeni
   c. Ukuthakasa
   d. Isitshodo
   e. Seligaya ngomunye umhlathi
   f. Bakhalelwe amasongo kasigonyela
   g. Kwahlwa emini
   h. Ngiyoyicela ivuthiwe
   i. Izwe liyadunguzela
   j. Likhipha umkhovu etsheni
   k. Akusensuku zatshwala
   l. Amanhlakomuzi
   m. Ukupequlula
   n. Ukushoshela
   o. Walikhwexela
7. Bhala izigameko ezimbili ezavelela uMjanyelwa ngesikhathi evakashele uMthombo.
8. Ubani umqhathi kule ndaba?

9. Bhala ngesizinda sale ndaba.
10. UMjanyelwa uganwe uMaNgcongo, uMthombo yena uganwe uMabani?
11. Bahlobana kanjani oMjanyelwa noMthombo?
12. UMjanyelwa udliwa yini uma etholakala esengena ekhala emzini wakhe?
13. UMaNgcongo yena uguliswa yini kangaka?
14. Baboshelwani laba ababili, uMjanyelwa noMthombo?
15. "Isala kutshelwa sibona ngomopho", ungasihlanganisa kanjani lesi saga nale ndaba kafuphi nje?
16. Ngabe le ndaba ilandwa ngumlandi wokuqala, wesibili noma wesithathu? Sekela impendulo yakho.

B. Imibuzo emide
Bhala i-eseyi ngesihloko esithi, isalakutshelwa sibona ngomopho, ubhale ngendaba kaMthombo. Bhala kube yi-eseyi ehleleke kahle ngokwezigaba ze-eseyi ejwayelekile. I-eseyi yakho ayibe ubude bamagama angama-300.

Isikhumba esimnyama senzeni?

C.L. Zwane

"Mahlase! Mahlase! Mahlase!" Lutho ukuphendula uMahlase, ulele ubheke phansi, ugcwele igazi. Aphinde uMaPhakathi amemeze: "Mahlase! Mahlase!" Lutho ukuphendula umyeni wakhe. Bakhona nabantu abangamalunga omphakathi, amanye ayamduduza uMaPhakathi, amanye akhuluma wodwa ukuthi aze aba nonya amasosha namaphoyisa abekhahlela uMahlase, emkhahlelisa okwenja.

"Ungangishiyi Mahlase, ngizoba yini ngaphandle kwakho." Ukhala nje uMaPhakathi unethemba lokuthi umyeni wakhe kungenzeka avuke kuleli damu legazi alele phezu kwalo. Aphinde futhi amemeze, eseshelwa nayizwi, izinyembezi zigelezisa okwamanzi omfula: "Mahlase! Mahlase! Ngiyakucela usabele baba kaMshiywa, sabela babakhe!" Lutho ukusabela uMahlase, kunalokho igazi nje eliphuma ngomlomo, izindlebe, amehlo namakhala. Indlela ashaywe ngayo, azibonakali nakahle nezingubo azigqokile, zimadabudabu, umzimba wonke ugcwele nemivimbo yezinsilane abeshaywa nangazo.

Amalunga omphakathi athukuthele agane unwabu ngalesi senzo esenzekile endaweni, abanye bathuka izinhlamba, abanye bathi bafuna bazizele ngokwabo bazobona imikhuba egilwa ngabantu okuyibo okumele bavikele izwe. Lokhu abakushoyo, baqondise kuMengameli woMzansi, uNgqongqoshe wamaPhoyisa kanye noMkhuzi waMasosha.

Sekubonakele ukuthi uMahlase uselifulathele leli. Ikhansela lendawo uMkhatshwa likhuluma namalunga omphakathi eceleni kukaMahlase lithi: "Emva kweminyaka engama-26 kwaphela ubandlululo, abombutho wezokuvikela eNingizimu Afrika basabukeka bengaqeqeshwanga ngokwanele mayelana nomsebenzi wawo kanye nenqubomgomo yamalungelo abantu, futhi abasebenzi ngokuhlonipha amalungelo abantu. Abasihloniphi isithunzi sabantu, futhi abanalo uzwelo kubantu."

Amalunga omphakathi avumelana naye uMkhatshwa. Aphinde uMkhatshwa ezwakale ethi uMengameli wacela kahle kwabezombutho wokuvikela izwe kanye nomphakathi wathi, "Amasosha namaphoyisa awazona izitha zabantu kepha azosebenzisana nabo ukulwa nokubhebhetheka kobhubhane lwekhovidi, ngakho-ke kumele ahlonishwe amalunga omphakathi kanye namalungelo awo kanjalo namalunga omphakathi enze okufanayo."

Amalunga omphathi athukuthele aganwe unwabu. Aqhubeke nokukhuluma uMkhatshwa, "Angikaze ngisibone isihluku esinjena selokhu sadlula esikhathini sengcindezelo, umuntu akhahleliswe okwenja! Le nto eyenzekile ayihlukile nezinto ezanzenzeka ngesikhathi sobandlululo. Kumele abenze lobu bulwane babhekane nengalo yomthetho, kanti futhi noHulumeni kuzomele akhokhe isinxephezelo ngalesi senzo esinyantisa igazi. Nakanjani umndeni kaMahlase kuzomele unxeshezelwe, uphinde ulethelwe nabaluleki bezengqondo."

42

Yabe isifikile i-ambulensi, iqhamuka idla amagalane ngemva kokufonelwa. Abasebenzi bezimo eziphuthumayo, bamthatha uMkhatshwa, bamhlola, base bethola ukuthi nangempela useyolusa amadada koyisemkhulu. Yamshiya imoto yabathutha iziguli.

UMaPhakathi wakhala waze waquleka, amalunga omphakathi amthela ngamanzi, waphaphama. Kwabe sekufika imoto ethatha abantu abangasekho, abemoto bamthatha uMahlase, bahamba naye. Kungekudala, kwafika indodana yakhe uMshiywa, wabona amalunga omphakathi amanye esekhona ekhaya, wathi uyaqalaqalaza, wangambona ubaba wakhe, kodwa ebona ukuthi unina ubekhala. Abuze kunina, "Mama uphi ubaba? Kwagcwala kangaka lapha ekhaya kwenzenjani? Kwenzenjani Mama? Uthelwe ngubani ngamanzi?"

Aqale phansi uMaPhakathi, akhihle isililo. Ngaleso sikhathi abanye omama abakhona ekhaya bayamduduza. Ngesikhathi bemduduza uMshiywa ezwe kahle bethi akaphephiseleke, aqine, lokhu okwenzekile akuqali, futhi akugcini ngaye, kanti nengalo yomthetho kuzomele yenze umsebenzi wayo. Ngesikhathi ebuka unina uMshiywa, abuze esekhala, ezwakala ethi: "Mama uphi ubaba, kwenzenjani mama? Ngicela ungitshele."

UMaPhakathi wazwakala ngezwi eselize lasha ukukhala, ethi: "UMahlase, akase…kh…o. Akasekho, mntanami." Nomphakathi wameseka kulokho: uMahlase akasekho. Aqale phansi uMshiywa, asho ngengila ethi: "Awu kodwa ngobaba! Ngabe senzeni Nkosi yami? Awu kodwa ngobaba wami kukuphela kwakhe!"

UMaphakathi athi kuMshiywa: "Amasosha namaphoyisa... Ambulele, ambulalise okwenja enamarabi ubaba wakho mntanami."

Amalunga omphakathi akhona aphatheke kabi kakhulu, abanye bacweba ngisho izinyembezi ngesenzo sobulwane esenziwe ngabantu bomthetho sokubulala indoda esangweni lakwayo ekubeni ibizikhulumela ngocingo, isizongena emzini wayo. Ibiyothenga umuthi ekhemisi, ikhohlwe incwadi kaDokotela. Kwala noma uMahlase esewachazela amasosha namaphoyisa ukuthi ubeyothenga umuthi ekhemisi, futhi nencwadi kaDokotela ikhona indlini, kepha awazange afune nhlobo ukuzihlupha ngokungena abone incwadi. Kunalokho, ambona njengomuntu ophula umthetho we-*lockdown*, kwazise wehluleka ukuyikhipha ngesikhathi sabo.

UMaPhakathi wawakhombisa amalunga omphakathi incwadi kaDokotela eyayisho ukuthi uMahlase kwakumele ayothenga umuthi othile ekhemisi ngoba wayengaphathekile kahle. Umuthi ayeyowuthenga ekhemisi uMahlase watholakala eduze kwesidumbu.

Khona lapha ngaphakathi endlini amalungu omphakathi athukuthele asegane unwabu. UMkhatshwa oyikhansela le ndawo athi la maphoyisa enze lesi simo kumele abikwe kwi-The Independent Police Investigative Directorate (IPID), namasosha abikwe kwi-South Africa's Military Ombudsman. Uphatheke kabi kakhulu, nomphakathi uyamethemba kakhulu, kwazise uyazi ukuthi usukumela phezulu uma ubhekene nezinkinga eziwuthintayo. Azwakale uMkhatshwa esethi: "Kufuneka ukuthi

44

leli cala liyiswe enkantolo ukuze uHulumeni abhekane nomthetho mayelana nalaba basebenzi bakhe abaphule umthetho. Laba babulali abangenawo unembeza, ababandakanyeka kulobu bulwane bokubulala uMahlase ngesihluku esingaka, kumele babhekane nengalo yomthetho. Bafanele ukuthola udilika jele ngokubulala ngesihluku esingaka umuntu ongenacala. Phela ubengalwi nabo futhi engasiyo nengozi kubo. Kubalulekile ukuthi amalunga omphakathi asebenzise izinkantolo ukuze uHulumeni abhekane nengalo yomthetho mayelana nabaxhaphaza amalunga omphakathi."

Yinto eseke yabonakala kumathelevishini abantu abaningi beshaywa, abanye beze beshone. Maningi amavidiyo asegcwele ezinkundleni zokuxhumana lapho kuvela kushaywa khona abantu, abanye bejeziswa ngaphandle kokuphula imithetho ye-*lockdown*. Amanye amalunga omphakathi kwezinye izindawo abeshaywa ngezinsilane. Amanye amalunga omphakathi aboshiwe, kuthiwa aphula imithetho ye-*lockdown* ngaphandle kwezizathu ezinesisindo, athi noma eveza ubufakazi bokuthi aphume emakhaya eyothenga izinto ezibalulekile, kodwa ayingenangwa leyo nto.

UMshiywa azwakale esekhuluma ethi: "Ikhomishini yamalungelo abantu eNingizimu Afrika. Yacela amaphoyisa aseNingizimu Afrika kanye naBombutho Wezokuvikela eNingizimu Afrika ukuthi balandele imiyalelo kaMengameli yokuthi bangaqinisi isandla emphakathini, kodwa bona abakwenzanga konke lokhu, yonke le nto umuntu ubeyibukela kude ezinkundleni zokuxhumana nakumathelevishini kodwa manje isimficile."

UMkhatshwa unezezela emazwini kaMshiywa ngokunengwa: "UMengameli washo ukuthi akumele abandlululwe amalunga omphakathi mayelana nobuzwe, inkolo noma ukulingana kwabantu ngezomnotho. Abantu kumele benze isiqiniseko sokuthi imithetho ye-*lockdown* iyalandelwa, kodwa into ebonakalayo ukuthi imiphakathi yabantu edla imbuya ngothi ibukeka kuyiyona ethwele kanzima ngenxa yobudlova bamasosha namaphoyisa. Nalabo abangenamakhaya yibona abasutha isibhaxu."

Abanye ababonile lesi simo senzeka bananovalo lokuthi abenze lo bubi kungenzeka baphinde babuye, bezofuna bona ukuze kugqibeke ubufakazi. Ezwakale uMaPhakathi esethi: "Ngicela ningiphuzise amanzi, ngaze ngafa ukoma." UMshiywa wamkhelela ngokushesha amanzi umama wakhe. Ngenxa yokuthi uyingane ekwaziyo ukubhekana nobunzima sekunguye oduduza unina, kwazise abazali bakhe bamkhulise ngokuthi indoda kumele iqinisele, futhi ikwazi ukubhekana nobunzima uma kufika izikhathi zabo. Okunye okwakuhlale kushiwo uyise ukuthi indoda ayikhali, kepha ikhalela ngaphakathi. Nangempela uMshiywa wabamba lawo mazwi okwenza ukuthi noma kukhona izimo ezimenza akhale, akhale kancane, bese iziduduza ngokuthi indoda kumele ikwazi ukubhekana nakho konke okunzima empilweni yayo. UMkhatshwa naye athi uMshiywa aqinise idolo. UMaphakathi uthembise ukuthi nawo uzokwenza ngawo wonke amandla ukuthi laba babulali abangenawo unembeza, ababulale uMahlase, bazolala bebaliwe maduzane.

Amalunga omphakathi amethemba kakhulu uMkhatshwa, yingakho anethemba lokuthi nangempela ubulungiswa buzokwenzeka. UMkhatshwa uyaziwa ngokuthi noma amalunga omphakathi enayiphi inkinga kodwa uzama ngayo yonke indlela nokuthi ebaxhumanise neminyango kahulumeni nezimele ezokwazi ukubasiza ngalezo zinkinga zabo kanti futhi uyindoda esebenzela umphakathi ubusuku nemini. Kwesinye isikhathi isimo uma sixaka kakhulu emndenini ethile uMkhatshwa uze acele amalunga ekomidi ukuba acele uxhaso oluthile kulabo abasebenza kangcono ewadini ayikhansela kuyo ukuze kusizwe labo abaswele kakhulu nezingane zabo. UMkhatshwa uhlezi eya ngisho koSoseshini bamatekisi bendawo ebacela ngokuthi abanikelele izingane eziswele umfaniswana wesikole kanye nezijumbana zokudla, kulezo ezinabazali abadonsa kanzima.

Bethi besahleli kuzwakale kungqongqoza umuntu emnyango. Nangempela angene endlini, kuthi uma engena babone ukuthi umfowabo kaMahlase uSthenjwa ongummeli. Bamangale endlini uma engena uSthenjwa ukuthi ngabe udaba useyalwazi yini noma ubezobabona nje njengoba ebejwayele ukuvakashela umfowabo. UMshiywa uzwakale esethi: "Ngiyathokoza babomncane ngoba usuze wafika, ngoba ubona kugcwele nje la yikhaya omakhelwane bazosikhalisa mayelana nesenzo sobulwane esenziwe sokubalawa kukababa ngaphandle kwecala."

Kumethuse lokho kukhuluma kukaMshiywa uMaPhakathi ngokuthi kanti uMshiywa ubemfonele ubabomncane wakhe

47

wamxoxela ngalolu daba lokubulawa kukayise. USithenjwa aphendule enkulumweni kaMshiywa athi: "Khululeka ndodana, laba ababulale umfowethu bazowuchama bawuphuze, bajwayele ukwenza kubalungele, namhlanje libalahlile elakubo babulala umuntu obekungafanele neze abulawe."

UMshiywa noMaPhakathi babe nethemba elikhulu uma noSithenjwa ekhuluma kanje, kwazise uyaziwa ngokuthi uwuqweqwe lommeli kanti futhi akafuni lutho oluthunaza amalungelo abantu abamnyama, uSithenjwa uze avolontiye ukusiza labo abangenamandla, abamele mahhala ukuze kwenzeke ubulungiswa. Phela uMshiywa noMaphakathi bayabona ukuthi uma besekelwa uqweqwe lommeli uSithenjwa kanye nekhansela lewadi uMkhathswa maningi amathuba okuthi noma engeke esabuya umhlobo wabo kodwa ubulungiswa buzokwenzeka.

Aqhubeke uSithenjwa akhulume athi: "Ningabe nisakhala kakhulu makoti nawe ndodana, sengathi umphefumulo womfowethu ungalala ngokuthula, sizohlezi sibambene njengomndeni ngoba bekwenzeka kusekhona umfowethu, aninodwa akukho nokukodwa okuzoshintsha, anisoze nalala ningadlile uma ngisatohoza futhi kusekhona okuncane engikutholayo okungamasenti. UMshiywa ngifisa afunde aphumelele kahle ibanga leshumi nambili bese naye eyokwenza izifundo zobummeli ngoba uthanda zona ukuze azolwela amalungelo abantu abamnyama nabampofu, kwazise uyathanda kakhulu ukulwela abanye abantu yingakho aze afakwa nasesigungwini sesifundazwe se-COSAS."

Asukume uMshiywa ayongena egumbini lakhe lokulala. Ngesikhathi nje esathi ungena endlini, ethi esangena emnyango izinyembezi zibe ziphophoza, ezisula ezama nokuziqinisa. Uyacabanga eyedwa: "Ngabe ubaba usesishiye ngempela? Ngizoba yini kodwa ngaphandle kukababa wami obengithanda kangaka nami ngimthanda kangaka? Ababulali bakababa nakanjani nabo kumele babhekane nengalo yomthetho baboshwe ukhiye uyolahlwa olwandle olubomvu." Ngaleso sikhathi ziyageleza izinyembezi kuMshiywa. Ethi esahleli kungene uSthenjwa.

"Ndodana ungabe usakhala kakhulu konke kuzolunga, lolu daba lukamfowethu ngizolusukumela mina, ngizibambele mathupha ngeke ingane kamama ibulawe kabuhlungu kangaka sengathi umgulukudu wesigebengu. Sula izinyembezi kuzolunga. Mina uyazi ukuthi bengihlezi ngikhona uma kukhona lapho ngidingeka khona. Namanje konke kuzoqhubeka kahle. Ngizoqinisekisa ukuthi amaphupho akho onawo okuya eYunivesithi ayafezeka, ngiphinde ngikusize ngokuthi uthole umsebenzi wobummeli. Uma kuvaliwe eYunivesithi ngamaholidi uzoza uzosebenza enkampanini yami yabammeli ukuze uzothola isipiliyoni somsebenzi okuyokwenza kube lula uma uqeda ube usunolwazi lokuthi konke kuhamba kanjani."

"Ngiyabonga babomncane, ngiyazi ukuthi ngoba ukhona wena asisele sodwa nomama, futhi ngiyathemba ngokuphelele ukuthi uzongisiza ngifeze amaphupho ami ngoba usho, kwazise nobaba wamsiza ngokumtholela umsebenzi ngemuva kokuphelelwa ilo ayesebenza kuwo phambilini." UMshiywa lowo ophendulayo. Uphendula zibe zehla kancane izinyembezi.

"Ake uchaze kahle indaba ukuthi bathi kwenzekeni ingane kamama ize ibulawe kabuhlungu kangaka ndodana." Kubuza uSithenjwa naye ebukeka ukuthi izinyembezi zigcwele amehlo uyaziqinisa njengendoda.

Nangempela uMshiywa amchazele kahle lonke udaba ngoba lunjalo ubaba omncane wakhe ukuze aluzwe kahle bebobabili ekamelweni.

"Ngiyabonga ngokungichazela kahle ndodana. Kuyacaca ukuthi sinecala eliphathekayo ngoba kukhona nanofakazi kanye nobufakazi obusezingeni eliphezulu. Namhlanje libalahlile abakubo le ndaba yokuthi bahambe bexhaphaza imiphakathi yakithi yabantu abamnyama kuzomele iphele. Ukube bekusesilungwini kubantu abadla izambane likapondo bebengeke babenze lobu bulwane babo. Mina sengikhathele ukuthi abantu bemiphakathi yakithi ikakhulukazi abampofu babe yizisulu zabantu bomthetho abangawuhloniphi umthetho. Leyo nto sayilwa sayinqoba ngesikhathi sobandlululo, manje asikwazi ukuphinde sibhekane nayo ngesikhathi senkululeko." kuphendula uSthenjwa.

Kummangalise uSithenjwa ukubona uMshiywa ema isibindi ekwazi ukumchazela konke okwenzekile ngokubulawa komfowabo.

"Lo mfana angalunga ekubeni ummeli, kwazise uyakwazi ukuqinisela noma ebhekene nobunzima obungakanani, uyakwazi ukuma isibindi. Nakanjani kumele ngimsize umntaka mfowethu, nomfowethu lapho ekhona uyonginika izibusiso aphinde abe yidlozi elihle kimi uma ebona ukuthi indodana yakhe ngiyikhathalele. Ngisho obaba bayonginika izibusiso mhlawumbe nje ngigcine ngiyinkunzimalanga yemantshi noma yejaji. Ngizoqinisekisa ukuthi uMshiywa nonina balala bedlile futhi ngiqinisekise ukuthi uMshiywa ufunda kahle ngokungaphazamiseki ibanga lakhe leshumi nambili ukuze aphumelele kahle. Kuzomele ngibasize benomama wakhe ngibase kodokotela bengqondo ngoba abakubonile kunzima kakhulu. Kwamina ngiyindoda endala kunzima ukwamukela ukuthi umfowethu akasekho futhi ubulawele ubala ngesihluku esinjena, nami kuzomele ngiyobona oDokotela bezengqondo. Namanje ngisasho ngithi bathinte umuntu ongathintwa, ngizoba yiphela endlebeni kubo, ngibalandela ngomthetho." Kukhuluma uSthenjwa ezikhulumela yedwa ngemicabango.

Kwaba nokuthula endlini kancane, bese ngemuva kwalokho uSthenjwa akhulume noMshiywa ethi: "UMvelingqangi uzoba nathi ndodana uzosibopha ngebhande likamoya ongcwele, asiqinise bese esisula izinyembezi. Akukho okuhlula uMvelingqangi uma ngabe wethula kuye konke ukukhala nosizi lwakho uyakusula izinyembezi bese ekwethula umthwalo owuthwele." Athi ukududuzeleka uMshiywa bese ecela ukuba baguqe, bavale amehlo bese bekhuleka benoSthenjwa. UMshiywa acele ukuthi akhuleke yena, uSthenjwa amvumele uMshiywa.

"Baba wethu osemazulwini sizilahla phambi kwakho, siyazi siyizoni phambi kwakho kodwa noma siyizoni kodwa angiboni ukuthi busifanele lobu buhlungu esibhekene nabo lapha ekhaya siwumndeni wakwaSibisi. Lobu buhlungu esibuzwayo bokuthi ubaba abulawe ngesihluku esinjena, bembulalise okwesilwane esesebakayo nesiyingozi. Laba babulali ababulale ubaba yibona okumele engabe bayasivikela kodwa namhlanje sibulawa yibo ngaphandle kwecala noma kwesizathu esibambekayo. Siyacela baba ukuba usiphe amandla okubhekana nesimo esisivelele sokushonelwa ubaba, simfihle ngesizotha. Naye sengathi angalala ngokuthula. Siyacela sengathi ungasipha amandla okuthi sikwazi ukuthola ubulungiswa, ababulali bakababa bajeze ngendlela ebafanele. Siyacela baba sengathi nalesi sifo esibhekene naso ubhubhane lwekhovidi lungaphela noma kutholakale ikhambi lalo ukuze kuzophela nendaba ye-*lockdown*, amasosha namaphoyisa ezohamba ezindaweni zethu ngoba uma esekhona kungenzeka bagcine bebaningi abantu ababulawa ngaphandle kwecala. Siyacela baba sengathi lesi sifo singalapheka noma siphele yikhona nathi esifundayo sizobuyela ezikoleni, siyolima sitshale amasimu ekusasa lethu bese nabasebenzayo babuyele emsebenzini. Siyacela ngegama leNkosi uJesu waseNazaretha ameni." Athi eqeda ukuthandaza uMshiywa zibe zehla futhi izinyembezi.

"Thula ndodana njengoba usuthandazile wathula izicelo kuMvelinqangi uzoziphendula, kwazise akahlulwa lutho futhi othembela kuye akasoze amlahla nanoma inini. Umfowethu uzele indoda la kuwe. Ngiyaziqhenya ngawe ndodana. Ngiyabona nokuthi ngathi uzohamba ezinyathelweni zika babomncane wakho, ube namandla kwezobummeli kanye nakwezenkolo. Ngiyabona indlela ohlakaniphe ngayo ukuthi ufuze kwaSibisi. Umfowethu wayehlakaniphe kakhulu, futhi ukube abazali bethu babenamandla okumfundisa ngabe naye udlule emhlabeni mhlawumbe eyinkunzi kanjiniyela, kwazise washo ukuthi wayethanda ukwenza izifundo zobunjiniyela. Ngenxa yokubona ubunzima bempilo ngemva kokushona kwabazali bethu, wenza isiqinisekiso sokuthi ngiyafunda futhi ngiba yinto engcono empilweni, enginakekela ngakho konke aye nakho. Yingakho aze ashada esemdala ngoba wayematasatasa enakekela mina. Yingakho nami nginezizathu eziqinile ezenza ukuthi ngithi nakanjani ngizoqinisekisa ukuthi amaphupho akho ayafezeka ngakho konke okusemandleni ami. Asihambe siye ngale komama wakho ndodana." Kusho uSthenjwa esula izinyembezi ezase ziqalile zigobhoza.

Aphume uSthenjwa uMshiywa asale ngemuva athi uyamulandela ubabomncane wakhe maduzane. Kuthulakale isikhashana uMshiywa engamulandeli uSthenjwa. UMaPhakathi aye endlini lapho kunoMshiywa khona emva kwesikhashana. Uma ethi uyaqalaza ubona uMshiywa uzilengise ngentambo, kuzwakale uMaPhakathi esememeza: "Wozani bo nizosiza, nangu efa umntanami. Mshiywa kodwa ungenzani mntanami."

Lutho ukuphendula uMshiywa uyalenga entanjeni abonakale eyibamba intambo ezama ukuyikhipha, izinyawo zijanquza emoyeni.

Bagijime bonke abakhona endlini bangene ekamelweni lapho kukhona khona uMshiywa befike beyinqamule masinyane intambo abezilengisa ngayo. Uma bembheka bathole ukuthi usaphefumula nentambo iyabonakala entanyeni ukuthi ubesanda kuyibopha. Bamthele ngamanzi bafonele i-ambulensi masinyane. Ngenhlanhla bafika masinyane abe-ambulensi bathi ukumhlola babona ukuthi bekungakenzengi monakalo kodwa ubesanda kuzibopha. Bamuphe amaphilisi bamjove bese bethi abamyekele aphumule athi ukulala, kwazise asikho isidingo sokuthi aye emtholampilo noma esibhedlela.

UMaPhakathi usekhale waza waba nesibibithwathane washelwa nayizwi noma bebekhona abamduduzayo. Ahlale ekamelweni lapho kulele khona uMshiywa, azwakale esekhuluma naye ethi.

"Mntanami kodwa ungenzani, ufuna ngisale ngibe yini ezweni?" Aphendule uMshiywa ngezwi eliphansi ehlengezela izinyembezi:

"Ngiyaxolisa mama, ngicela ungixolele, ngisuke ngaphathwa kabi kakhulu indaba kababa. Ngiyakuthanda kakhulu mama wami omuhle."

"Ungenzani kodwa uMahlase usefuna ukuhamba nawe manje ndodana?" Kusho uMaphakathi.

"Khululeka ngikhona mama angiyi ndawo, ngicela ungixolele." Kuphendula uMshiywa.

Wonke umuntu okhona kwelinye ikamelo usemangele ukuthi kwenzekani kwaMahlase uMahlase ngabe usefuna ukuya koyisemkhulu nendodana yakhe. Nangempela bonke abantu bakhuze lo mhlola abawubonayo wenzeka. USthenjwa wathatha impepho wakhuluma emsamo wakhuza ulaka kwabangekho, wazwakala esethi: "Siyacela nina boMahlase, Mlotshwa, Bhovungana kaNomashingila kaBango, Wena kaButhela, KaMxhamama, KaSoshayo ukuthi uma kukhona lapho singenzanga kahle khona kube khona indlela enisibonisayo ngayo ayi ngolaka lolu eniluvezayo. Uma kukhona okumele nikwenze noma kukhona lapho esigwegwe khona nisitshele ngamaphupho noma ngezinye izindlela. Njengamanje sidlulelwe umfowethu nakhu sekucishe kudlula indodana, siyacela boBhovungana ukuthi nisibheke nivikele nayo yonke imizi yoBhovungana ngaso sonke isikhathi. Makhosi."

Bonke endlini baba nethemba lokuthi ngoba uSthenjwa esekhulume nanezinyanya zakuboo konke kuzohamba kahle nendodana ilulame ngokushesha, kwazise basheshe bayisiza. Uthe eqeda ukuhlala phansi uMkhatshwa wabe esethi kuSithenjwa:

"Nginevidiyo lapha engiyinikwe amalunga omphakathi akwazile ukuthwebula konke okwenzekile phakathi kwaMahlase, amasosha namaphoyisa kusukela bemisa, bekhuluma naye, bemshayisa ama-*push ups* nama-*frog jumps* kuze kuyofika lapho emkhahlela ngokuhlanganyela ngamabhuzu anezinsimbi ngaphambili emshaya nangezinsilane."

Ezwakale uSthenjwa esethi: "Ngicela ukuyibona Mkhatshwa." Nangempela uMkhatshwa anike uSthenjwa umakhalekhukhwini wakhe ukuze azobona ividiyo ayithunyelelwe amalunga omphakathi nesigcwele ezinkundleni zokuxhumana.

"Hhawu! Kanti konke ebengikutshelwa uMshiywa egumbini lakhe lokulala kwenzeke ngoba eshilo? Aze aba nonya la magwala ukuthi angaze abulale umfowethu kabuhlungu kangaka bemhlamganyela ekubeni engalwi, bemkhahlelisa okomgodoyi noma esekhala ezincengela, ngisho esethandaza ezicelela uxolo lutho uzwelo. Kunalokho bathi akathandazele ukuthi umphefumulo wakhe uMvelingqangi awamukele kahle futhi amxolele ngokuphula imithetho ye-*lockdown*. Bamshaya bashintshana ngaye engekho okhuza omunye nokhombisa ukuba nozwelo. Ngisho izinsilane zabo ziyabonakala zibomvu igazi likamfowethu kodwa bamshaya kunjalo, nanoma namabhuzu abawagqokile esebomvu yigazi ngisho namabhulukwe abo ngezansi esegcwele igazi, bamgxoba kunjalo ngokungabi nazwelo. Umthetho kumele nawo wenze okufanayo nalokhu abakwenze kumfowethu. Ngifuna nabo bazizwe izinsilane zomthetho zibe bomvu yigazi, iqhume insilane, nanoma amabhuzu anensimbi ngaphambili omthetho esebomvu igazi ilokhu insimbi yebhuzu kumalunga awo omzimba. Ngifuna nabo noma kungathiwa sebeyakhala bayathandaza enkantolo bezicelele ukuxegiselwa isigwebo kodwa kungenzeki lokho kunalokho bathole odilika jele bonke futhi bangazitholi nezimpesheni zabo. Njengoba umfowethu bengamzwelanga noma esebalisa nangendodana yakhe nomkakhe ekhala ngokuthi uyena kuphela osebenzayo ekhaya futhi babhekwe wuye, nabo uma sebegwetshwa enkantolo noma bengakhala ngokuthi bazoshiya amakhosikazi abo ekhulelwe noma banezingane ezincane ezibhekwe yibo kuphela kodwa inkantolo ingabi nazwelo ekubanikeni isigwebo esiqinile nesizodlulisa isifundo

56

nakwabanye." Emva kokukhuluma la mazwi wonke umuntu osendlini wavumelana naye uSithenjwa.

Kuthuleke endlini kubonakale wonke umuntu ecweba izinyembezi. Bekungafanele kube khona ukuziphatha okunjena ngesikhathi se-*lockdown*. Kuze kwenzeke izinto ezibuhlungu kangaka yingoba kwenzenjani? Lona umbuzo wonke umuntu azibuza wona ngaphandle kokuthola izimpendulo. Lesi senzo siwubulwane, lokhu okubonakalayo kwenzeka ngalesi sikhathi sobhubhane lwekhovidi kwenziwa kubantu ikakhulukazi abamnyama kubuhlungu kakhulu. Noma bekhona labo bantu abaphambana nemithetho ye-*lockdown* kodwa izindlela abajeziswa noma abakhuzwa ngazo kusetshenziswa amandla kakhulu futhi ngendlela engekho emthethweni, lokhu kuyinto abantu abaningi abakhala ngayo.

Le nto eyenziwa kubantu abangamalunga omphakathi yayingalindelekile nhlobo, kwazise noMengameli wacela kahle ukuthi kufuneka kube nokusebenzisana okunenhlonipho, ukukhombisa ukuthandana, ukuzwana, ukuba nombono wokunqoba ikhovidi kubo bonke abantu kanye nokukhathalelana. Babone uMshiywa eseza ekamelweni lapho kuhlezi khona uSthenjwa namanye amalunga omphakathi afike ahlale eduzane kwababomncane wakhe, bajabule bonke bembona esengcono, bamduduze bathi akakhululeke konke kuzolunga nangempela angakhombise ukuqina njengendoda.

"UMahlase ubeyindoda ezilungele kabi, ubengakufanele nhlobo ukuthi angabulawa ngesihlungu esinje. Ngisho izinja ziyamelwa abakwa-*Society for the Prevention of Cruelty to Animals (SPCA)* ngakho-ke, angeke nje isilwane sibulawe kabuhlungu kutholakale ubufakazi balokho bese kuthuleka ngoba baba yiphela endlebeni." Kukhuluma uMkhatshwa.

"Uqinisile Mkhatshwa, njengamanje kumele engabe umhlaba wonke kanye nalapha eNingizimu Afrika sibhekene nobhubhane lwekhovidi kodwa kubukeka abanye bethu beba ubhubhane lwekhovidi ngokwabo emphakathini. Kumele kuphele nya lokhu." USithenjwa lowo osho lawo mazwi.

"Kunzima ngempela okwakubhekene nabantu bakithi abamnyama ngesikhathi sobandlululo, ukucindezelwa ngokomnotho, ukungalingani ngokwezemfundo, ukungavumeleki ukuya kwezinye izindawo, ukungavumeleki kwabantu ukuthi bahlangane bebe baningi ngaphandle kokwazi kwabacindezeli ukuthi bahlangene ngani, ukungahlangani kwabantu ngokukhululeka bahambise izikhalo zabo kuHulumeni, ukungavumeleki ukuhlala kwezinye izindawo ezazaziwa ngokuthi ngezabohlanga oluthile kuphela, ukungalingani ngamathuba emisebenzi, bese bephinda bebhekane nanezimo zokubulawa kabuhlungu kangaka. Nike nabubona ubunzima." UMshiywa ekhuluma echiphiza izinyembezi.

"Konke lokho okushoyo sasibhekana nakho Mshiywa, kwakunzima kabi ngesikhathi sobandlululo, njengoba salwa sanqoba kwakunzima kakhulu. Phela okuyiqiniso nokungeke kubalekelwe ukuthi noma kuqashwa abanye abasebenzi bomthetho akubona bonke abantu abaqashwa khona ngoba ngempela bewufanele umsebenzi. Njengamanje sesifikile isikhathi sokuthi labo abangafanelekile ukuba abasebenzi bezemthotho babuyele eceleni kusale abantu abazimisele ngokusebenzela isizwe ngokuzimisela, ngobuqotho nangokuthembeka. La masosha namaphoyisa abulale uMahlase azivezile ukuthi awakulungele ukuba yingxenye yezisebenzi zikaHulumeni, kwazise izenzo zabo zibaveze ngokusobala ukuthi kumele bashenxele abantu abazimisele ngokusebenza ngokulandela izinqubomgomo nemithetho efanele. Babukeka sengathi ukuqeqeshwa nokusebenzisana kahle namalunga omphakathi akwenziwa ngendlela uma beziphatha kanje. Noma kungekuhle nhlobo lokho esikubonayo kwenziwa abanye abavikeli bezwe kodwa kwelinye icala kuphinde kuveza obala ukuthi akubona bonke abantu abavikeli bezwe abawufanele lo msebenzi. Baningi nababulali bangenawo unembeza nezigebengu kubo okufakazelwa yilezi zenzo zabo ezinyantisa igazi," kubeka uMkhatshwa.

"Sengathi ungalisho uliphinde lelo Mkhatshwa. Thina ngoba sisebenza ezinkantolo sihlezi sibona mihla namalanga kugwetshwa ezinye izisebenzi zomthetho ziboshwa ngezenzo zokuphambana nengalo yomthetho, abanye ukubulala kanye nobugebengu, lezi zindaba zihlezi zigcwele kumaphephandaba, ziphuma komabunakude, emisakazweni nasezinkundleni zokuxhumana ngisho naku-intanethi imbala. Ukuze ubone ukuthi abanye abananembeza kwesinye isikhathi uthola bebulala izithandwa nezingane zabo ngesihluku, abanye bebulala ngisho imindeni yabo ngokungabi nazwelo. Lokhu kuveza ngokusobala ukuthi usemkhulu umsebenzi okusamele wenziwe uhulumeni."

Kuthi ukuthuleka endlini, wonke umuntu okhona udinwe uyavevezela ngokubulawa kukaMahlase indoda ebizilungele, izikholelwa futhi ithanda ukuthi kuhlezi kuhlekwa lapho ikhona. Amalunga omphakathi amanye athukile, amanye agcwele ukwenyanya, babodwa abanye abakhona lapha endlini ababona kungayisu elihle lokuthi baziphindiselele kodwa uMkhatshwa noSthenjwa bayabakhuza labo ababecabanga ukuthi kungenzeka ukuthi kube yisu elihle uma bengaziphindiselela, bathi kumele kuhlonishwe umthetho uyekelwe uthathe indawo yawo, kanti futhi indaba yokuziphindiselela ingase idale umonakalo omkhulu kujike kuchitheke igazi eliningi nelabantu abangenacala.

Emva kokubonisana komphakathi, uMkhatshwa noSthenjwa ngokuthi umthetho awunikezwe indawo yawo amalunga omphakathi ayekhona kwaSibisi avumelana nabo, aveza nokuthi azophuma eyoshumayela ivangeli lokuthi umthetho uyekelwe usebenze ngokufanelekile kulesi simo esibhekene nomndeni wakwaSibisi.

"Sonke lesi senzo esenzekile sisehle ngaphezulu kodwa kuzomele siqhubekeni nokuhlonipha imithetho ye-*lockdown*, sibahloniphe abezombutho wezokuvikela abakhona endaweni ngoba inhloso ngoba belapha ukuthi kusetshenziswane kahle ekulweni nobhubhane lekhovidi futhi ngeke sithi ngoba kukhona laba abambalwa abenze okungalungile bese sibabhanqa ngabhande linye bonke. Uma kukhona izinto ezibalulekile eniyozithenga ezitolo, niyobona oDokotela, niya emaKhemisi noma kukhona izindawo ezibalulekile lapho kumele niye khona okuvumelekile ukuthi niye khona kumele nihambe ngaphandle kokusaba kodwa uma singekho isidingo sokuphuma asiqhubekeni nokuhlala emakhaya ukuze sizoyinqoba le mpi yobhubhane lekhovidi ehlasele umhlaba wonke." Kugcizelela uMkhatswa.

"Njengoba esebekile uMkhatshwa nami ngivumelana naye. Asiqhubekeni nokubambisana ngoba ngokubambisana buzokwenzeka ubulungiswa ngokubulawa komfowethu kanti futhi sizolinqoba lolu bhubhane lekhovidi. Ukulwa noHulumeni wobandlululo kwakungesiyo into elula neze futhi kwathatha isikhathi eside kodwa ekugcineni sanqoba. Lokhu kuveza ngokusobala ukuthi uma sihlangene futhi sisebenza ngokubumbana akukho engeke sakunqoba." Kuphawula uSthenjwa.

Amalunga omphakathi abathembisa kwaSibisi ukuthi azohlezi enabo futhi azohlezi ebasekela ngokusemandleni awo. Amazwi ayekhulunywa ngamalunga omphakathi, uSithenjwa noMkhatshwa abaqinisa uMaPhakathi kanye noMshiywa bazizwa nabo ukuthi ababodwa.

"Selokhu ngafika kule ndawo indlela umphakathi, omakhelwane, abaholi bezenkolo nekhansela ababambisene ngayo, uzizwa ungathwele kakhulu noma kukhona umthwalo osuke usemahlombe akho. Ngiyafisa sengathi kule ndawo kungahlezi kunjena kuvunguza umoya wothando nokuzwana, futhi into enhle ukuthi nekhansela lethu kule wadi yonke eliyiphethe lihlezi lishumayela ivangeli lokusebenzisana, ukuzwana, ukuthandana, ukuhloniphana, ukusizana, ukunakekelana kwabuntu, nokuthanda umakhelwane wakho njengoba uzithanda wena. Kuyafakazeleka nangempela ukuthi naye uMkhatshwa uma

61

ethola ithuba, uke avakashele amasonto ehlukahlukene. Ngisho abafundisi bendawo namakholwa bahlezi becela nokuthi emasontweni bathandazele le wadi ayiphethe ngisho namanye amawadi ukuthi uMvelingqangi athele umusa futhi abe isibani sabo mihla yonke yokuphila kwabo." UMaPhakathi ekhulumela phansi.

"Ngizizwa ngibusisekile nami MaPhakathi uma izimfundiso nezicelo zami zizwakala futhi zenziwa emiphakathini yethu. Phela mina nonke niyangazi ukuthi nginguhlobo lomholi olukholelwa ekutheni amalunga omphakathi engiwaphethe enze njengoba ngenza, kodwa engenzi ngoba ngisho." Kukhuluma uMkhatshwa.

Lokhu okushiwo uMaPhakathi ngoMkhatshwa wonke amalunga omphakathi ayakwazi futhi ubuholi bakhe akabungabazi. Yingakho ngisho esefuna ukwehla esikhundleni ngethemu yesibili wancengwa amalunga omphakathi futhi akekho owayephikisana naye esikhundleni sozomela iqembu lakhe ngoba aziwa amagalelo nobuholi bakhe obungangatshwazwa.

"Ngisathi ukushaywa wumoya kancane phandle." Kusho uSthenjwa ebe ephuma phandle eyoshaya ucingo.

"Nami njengekhansela lendawo futhi njengoba kungekho osebenzayo lapha ekhaya ngizozama okusemandleni ami ukuqinisekisa ukuthi kukhona okuthile okuncanyana enikutholayo. Ngizobhala incwadi ngiyise kwaMasipala sizozwa ukuthi akukho yini abangasiza ngakho lapha ekhaya." Ebeka ngesizotha uMkhatshwa.

Amalunga omphakathi ahlezi kwaSibisi akuthakasela lokhu okwakushiwo uMkhatshwa, kwazise aze akuveza ukuthi selokhu kwaqala intando yeningi abakaze babe nekhansela elifana noMkhatshwa futhi ababoni ukuthi bayophinde babe nalo. UMkhatshwa ngaphambi kokuba abe yikhansela wayewuthisha, efundisa i-History nesiZulu ibanga leshumi nambili esikoleni sendawo lapho ehlala khona. Ngesikhathi esafundisa ibanga leshumi nambili, lalihlezi lithola ngaphezu kwamaphesenti angama-90 kuzo zombili izifundo zakhe. Ngesikhathi ethatha umhlalaphansi ngisho uthishomkhulu nesekela lakhe esikoleni okuhlanganisa nabafundi bakhala mi izinyembezi ngesikhathi esehamba, kwazise wayaziwa ngokusebenza ngokuzimisela futhi ehlezi enza umsebenzi osezingeni eliphezulu. Abafundi babemthanda kakhulu, kwazise wayenendlela yakhe yokukhuluma nomfundi noma kungathiwa uthishomkhulu usehlulekile, uma sekubizwe yena, uzoba naso isixazululo.

UMkhatshwa wayengathandi ukuthi behlulelwe ngezenzo zabo labo bafundi abatholakale bephuma endleleni kodwa wayehlezi efuna ukuthi athole imisuka yaleyo nkinga bese ezama ngayo yonke indlela ukumsiza lowo mfundi ngisho kungathiwa kwesinye isikhathi kumele agcine efake isandla ephakatheni lakhe. WayesenoSonhlalakahle kanye noDokotela bengqondo abase sebemazi futhi esebenzisana nabo kahle kakhulu, abafundi babethi uma benezinkinga ebona naye ukuthi kungaphezu kwamandla akhe azame ukuthola usizo koSonhlalakahle nakoDokotela bengqondo ukuze kusizakale abafundi. Ngendlela ayebakhuthalele ngayo abafundi, ngisho nasesikoleni kwakuthi noma kunomhlangano wabazali uMkhatshwa abacele bonke abazali ukuthi babe neqhaza abalibambayo ekuphuculeni imfundo yesikole kanye neyabantwana babo. Wayecela labo bazali abame kahle ngokwenkece ukuthi bafake isandla ekusizeni abanye abafundi abangenawo umfaniswano wesikole nanezinsiza kufunda lezo ezingatholakali esikoleni okumele zithengwe ngabazali.

UMkhatshwa wayecela nabazali ukuthi ngezimpelasonto nangamaholidi labo abanolwazi ezifundweni ezithile beze bezosiza abafundi, yingakho nesikole ayefundisa kuso sasihlezi sithola ngaphezu kwamaphesenti angama-80 minyaka yonke. Ngendlela ayewusizo ngayo uMkhatshwa wayesebekwe ukuthi abe uSihlalo ekomitini lezifundo esikoleni aphinde abe wuSihlalo wekomiti lokuziphatha kwabafundi. Abanye abafundi noma benezinkinga kwakulula ukuthi baye kuMkhatshwa, kwazise wayeyindoda ezilungele ezikhonzele umdlalo webhola lezinyawo nomculo. UMkhatshwa wayephinde abe umqeqeshi wabafundi besifazane nabesilisa bebhola lezinyawo, aphinde aphathe amaqembu ezomculo esikoleni.

Ngisho kuyisikhathi sokudla wayetholakala esecula nabafundi eshaya ngisho isicathamiya ngendlela ayewukhonze ngayo umculo. Uma esecula nabafundi bakhe besicathamiya wawungaze uthi umfundi naye ngoba wawungeke umbone esegijima ngesitebhu, abuye aculise phambili, abuye ashaye ibhesi, abuye ashaye ithena. Ukusebenzisana okuhle nabafundi nothisha, isigungu esilawula isikole, abazali umphakathi nezikole ezisewadini yakhe uMkhatshwa ikona okwamenzela ugazi wagcina eyikhansela futhi waphumelela kalula, kwazise

64

ngethemu yokuqala wathola amaphesenti angama-70 amavoti ewadini yakhe okwesibili wathola amaphesenti angama-81.

"Nasesikoleni siyakukhumbula baba uMkhatshwa, ukube kusekhona wena ngabe nginesiqinisekiso sokuthi uma ngingenzanga kahle ezifundweni zami ngizothola amaphesenti angama-85." Kusho uMshiywa ezikhalela kuMkhatshwa.

"Ungakhathazeki Mshiywa, ngiyabathemba othisha abanifundisayo futhi nanjengoba nilekelelwa nangabazali abanolwazi olujulile ngezifundo ngezimpelasonto, nginethemba elikhulu lokuthi nizokwenza kahle, nizobuyela kungekudala ezikoleni okwamanje qhubekani nokufunda emakhaya kuze kuzwakale ukuthi uMengameli, uNgqongqoshe wezeMfundo kwazwelonke kanye noweSifundazwe bathini, kumele niqhubeke nilalele imisakazo ehlukene, nibuke amathelevishini ngesikhathi sezinhlelo zokufunda, nithenge amaphephandaba anolwazi enifunda ngalo, niyibambe na-online bese nisebenzisa nezinkundla zokuxhumana ukwenza umsebenzi wenu wokufunda, okuhle nengikuzwile ukuthi esikoleni senu othisha benze namaqoqo abafundi ngokwezifundo zabo. Kumaqoqo e-Whatsapp futhi niyaqhubeka nokufunda." Esho uMkhatshwa embukisisa uMshiywa, kwazise ufuna ukuzwa ukuthi uzophendula athini kanti futhi ufuna ukuthi ambone ukuthi uyithatha kanjani le nkulumo yakhe.

"Kunjalo baba uMkhatshwa siyaqhubeka nokufunda noma kungelula ngoba kune-*lockdown* kodwa kona kuyaqhubeka, ezinye zezinkinga esibhekana nazo ukuphelelwa amadatha, abanye bethu abanayo imisakazo, amathelevishini, ama-smart phones kanti-ke nokufunda online kuyinto eqalayo ukuthi siyenze." Ekhuluma ebheke phansi uMshiywa.

"Ngizokhuluma noSithenjwa sibone ukuthi ungasizakala kanjani ngendaba yokuthi ube namadatha anele ngalesi sikhathi kanye nokuqinisekisa ukuthi lesi simo esisehlele asikuphazamisi ezifundweni zakho." kuphawula uMkhatshwa,

"Ngingabonga kakhulu baba uMkhatshwa uma ungangenzela uhlelo ngamadatha ninobabomncane, kwazise ngoba sengishonelwe ubaba sengifana nenhlanzi eshelwe amanzi, kodwa ukuba khona kwenu nobabomncane kuzokwenza ukuthi ngifane nenhlanzi ethe ishelwa ngamanzi kwelinye idamu yathathwa yayofakwa kwelinye idamu." Wakhombisa ukuba nethemba uMshiywa. Kwangena uSthenjwa ngemuva kokukhuluma nocingo isikhathi eside.

"Sengiphinde ngafona nami nanoma besenifonile Mkhatshwa ngifonela i-IPID nabe- South Africa's Military Ombudsman ukuze balusukumele ngokushesha lolu daba. Ngifonele nolunye uqweqwe lommeli esisebenza nalo ngalicela ukuthi lolu daba kuzomele luye eNkantolo Yomthethosisekelo lusingathwe wuye." Kukhuluma uSthenjwa ehlala phansi.

"Ngiyathemba nami njengoba kukhona nomuntu ongummeli esizosebenzisana naye ukuthi buzokwenzeka ubulungiswa. kulolu daba lokubulawa kukaMahlase ngalesi sikhathi se-lockdown ngaphandle kwecala, nanokuphula imithetho ye-lockdown, kodwa ngisho ngabe kukhona umuntu ophula imithetho ye-lockdown, imithetho ithi kumele aboshwe noma akhokhiswe inhlawulo, akumele nje nhlobo ashaywe ngisho ngempama yesalukazi." Kusho uMkhatshwa ebonakala ukuthi imphethe kabi kakhulu le ndaba yokubulawa kukaMahlase ngesihluku esingaka.

UMkhatshwa noma kungathiwa usize abantu abaningi kanjani wabaxazululela izinkinga zabo emphakathini akajabuli nhlobo, noma kungathiwa bayajabula futhi bamjabulisa kangakanani kodwa uvele athi yena lapho eyojabula khona ngokuphelele ilapho ayobona khona kungekho olala endlini ewayo ewadini yakhe, bengekho abalala bengadlile, kungekho izingane ezingayi esikoleni ngokuswela umfaniswano wesikole, futhi kungekho nokuxhashazwa nokubulawa kwabantu besifazane nezingane emphakathini.

UMkhatshwa ngisho esewuthisha ngisho isikole siphase ngamaphesenti angama-99, wayengajabuli. Uma bembuza ukuthi kungani engajabuli wayethi yena okumjabulisayo ngokuphelele ukuthi kungabi khona ngisho nomfundi oyedwa ofeyilayo, kwazise lowo mfundi osuke efeyila mhlawumbe usuke eyithemba lakubo, uma kufeyila yena kusuke kufana nokuthi kufeyile umndeni wonke, lowo mfundi angathi uma esefundile abe wusizo emphakathini. Yingakho kwakuthi uma kukhona abafundi ababengaphasanga ibanga leshumi nambili wayebasiza labo abangakwazi ukuthola izikole lapho bezolungisa khona izifundo zabo futhi ehlezi ebabheka ukuthi baqhuba kanjani, ehlezi ewusizo lapho efinyelela khona.

Amanye amalunga omphakathi ayekhona kwaSibisi ayelokhu ephuma ngoba esebakhalisile futhi ebona ukuthi ukuba khona kwaMkhatshwa noSithenjwa kwenze uMaPhakathi noMshiywa baqina idolo. Noma behamba abanye abangamalunga omphakathi kodwa bakhona abambalwa abase beshilo ukuthi bazomlalisa uMaPhakathi, bebebaningi abebefuna vele ukumlalisa kodwa ngenxa yokuthi njengoba kusabhekenwe nobhubhane lekhovidi kanti futhi kukhona ne-*lockdown* abantu babengavumelekile ukuthi babe baningi endaweni.

"Ukube bonke abaholi bezepolitiki bafana nawe Mkhatshwa ngabe izwe lethu liphila ntofontofo ngoba ngabe akekho umuntu ohluphekayo kungenasidingo, kodwa into esiyibonayo kosopolitiki abaningi bazicabangela bona, izingane zabo, imindeni yabo, abangani babo kanye nalabo abasondelene nabo bese bezitamuzela imali kaHulumeni ngokungemthetho, banikane amathenda, bafakane emisebenzini, banikane nezikhundla ezinkulu ngokungafanele. Izingane lapha emphakathini ngisho ezifunde zaze zagogoda emayunivesithi uzithole ziswele umsebenzi zehla zenyuka nelanga. Iningi lalabo sopolitiki abangcolile abamthandi umuntu ofana nawe Mkhatshwa, kwazise wena zonke izinto zakho uzenza ngokukhulu ukuzimisela. Wena Mkhatshwa akekho oyofana nawe, imisebenzi yakho iyakukhulumela, indlela ozimisele ngayo ukuthuthukisa abantu bakithi wabonakala ngokuthi unikele ngekota yemali yakho yokwesula, wayinika isikole ukuthi siyisebenzisele ukusiza abafundi abaphase kahle ibanga leshumi nambili, Abangayitholanga imifundazwe noNSFSAS bahlomula ngokuthi bayisebenzisele ukuyobhalisa emayunivesithi." Wathi eqeda ukusho la mazwi uSithenjwa noMshiywa wabe evumelana nobabomncane wakhe.

"Kuyolunga ngelinye ilanga, okubalulekile ukuthi thina esaziyo nesinamandla okukhipha umuntu omnyama emaketangweni obugqila kumele silwe ngazo zombili Sthenjwa." Kuphawula uMkhatshwa.

Amalunga omphakathi abekhona kwaSibisi aqhubeka nokuvalelisa ethembisa ukubuya ngakusasa. Phela amalunga omphakathi ngendlela ayecasuke ngayo ngemva kokubulawa kukaMahlase ngesihluku esingaka, ayefuna nokuthi kuhanjwe ngaleso sikhathi ayoveza ilaka lawo esiteshini samaphoyisa sendawo. Ngenxa yokuthi uMkhatshwa washeshe wafika futhi wakhuluma nawo ehlela ngezansi, kwazise kwase kukhulume umholi wawo amethembayo, amthandayo namaziyo ukuthi uwakhathalele kakhulu.

"Babomncane ninoMkhatshwa ngiyanicela ukuba silisukumeleni lolu daba lokubulawa kukaMahlase ngesihluku esingaka. Mina ngiyafisa ukubabona laba abenze lesi sihluku begwetshwa odilikajele, ngibone imindeni yabo enkantolo nayo izwa lobu buhlungu umuntu azwiswe bona." Esho esula izinyembezi uMaPhakathi.

"Into ebuhlungu makoti ukuthi izinto ezimbi ezenziwa abaholi bemindeni zijike zichaphazele amalunga emindeni asuke engenzanga lutho. Uyabona laba abenze ububi kumfowethu uma sekufike usuku labo lokugwetshwa kanzima, imindeni yabo abayondlayo eyobe isibhekana nobunzima, kwazise kungenzeka ukuthi abanye babo yibona abondla emakhaya futhi nemindeni yabo ithembele kubo. Thina ngoba sisebenza ezinkantolo sihlezi sibona mihla namalanga uthole ukuthi umuntu okuwuyena oyithemba lasekhaya wephule umthetho, agwetshwe bese kusala kuba nzima kubantu abathembele kuye. Into embi ukuthi abantu abasuke bephula umthetho bebulala abantu abangenacala njenga abacabangi kahle ngesikhathi besakwenza ukuthi kungenzeka kube nesiphetho esingeke sibavune nhlobo bese kulamba nezingane ezingenacala ngisho nabazali babo asebekhulile abathembele kubo." Eqeda kuphawula bese ebuka isithombe sikaMahlase ocingweni lakhe uSthenjwa.

"Ungalisho uliphinde lelo mfowethu, lababulali bakaMahlase angiboni ukuthi bakucabangile ukuthi kungenzeka bezithole bebhadla ejele ngalesi senzo sabo sobulwane. Bajwayele ukwenza kubalungela noma bake babone abanye benza kubalungela. Uma kungukuthi bake baphunyuka phambilini, kulokhu ngeke basaphunyula. Into enye nengathathelwa phezulu ukuthi vele abanye bathi beqashwa vele bebe bengenawo amarekhodi amahle, lokhu okubuye kudale imibuzo engaphenduleki ukuthi emisebenzini ebucayi kangaka ziqashwa kanjani izigebengu nabahlukumezi bomphakathi." Kubeka uMkhatshwa ebonakala ukuthi iyamcasula le ndaba.

"Phela lapha ezweni lethu ngisho nakwamanye amazwe kuyinto eyenzekayo ukuthi uthole kuqashwe umuntu ongamfanele umsebenzi bese uthole ukuthi lona omfanele angafakwa ngisho ohlwini lwabantu abayohlolwa amakhono." esho enikina ikhanda uSthenjwa. Ngesikhathi bebhizi bekhuluma uSthenjwa noMkhatshwa, uMshiywa wabe ehlezi eduzane nabo.

"Mina angikakholwa namanje ukuthi ubaba usesishiyile emhlabeni ngokubulawa ngaphandle kwesono babomncane."

Esho ephinda ekhombisa ukudangala okumangalisayo uMshiywa.

"Kuzolunga ndodana, ubulungiswa buzokwenzeka ngomfowethu. Maduzane bazoya ezikhindini ababulali bakhe bese ngiphinda ngiqinisekisa ukuthi uHulumeni ukhokha inhlawulo mayelana nokubulawa komfowethu ngabasebenzi bakhe. Lesi sihlava sokubulawa kwabantu abamnyama bengenze lutho sizolwisana naso kuze kube sekugcineni" ekhuluma ekhombisa ukuthi luyamdina futhi lumphatha kabi kakhulu lolu daba uSthenjwa.

"Baqinisile uma bethi isitsha esihle kasidleli, wahamba uMahlase engasavalelisanga. Wahamba ngokubulawa ngesihluku esinjena abantu engabe bayamvikela. Kumele kube khona abayikhothayo imbenge yomile. Mina angifuni lutho oluthinta amalunga omphakathi wewadi yami kanti futhi angithandi lutho oluhlanganisa ukubulawa kwabantu ngesihluku esinjena nangaphandle kwesono." Ekhuluma kubonakala ukuthi ucasuke uthelwe ngamanzi naye uMkhatshwa.

Endlini abantu asebesele kuyabonakala ukuthi yilabo abazimisele ngokulala, kwazise abaningi ngoba sekuqala nokusa sebeyicelile indlela. Njengoba kukhona nonkosikazi kaSthenjwa uMakhanya amanye amalunga omndeni afikile kanye nomakhelwane abazomlalisa uMaPhakathi futhi balokhu bemduduza ngokubulawa komyeni wakhe, naye uzizwa ethobeka kancane. Okumthobayo futhi ukuthi uMkhatshwa noSithenjwa bayabathembisa ukuthi bazohlezi benabo endleleni abazoyihamba ukuze kutholakale ubulungiswa ngoMahlase.

UMaPhakathi benoMshiywa kube lula ukuthi bebathembe uMkhatshwa noSithenjwa, kwazise bayalazi iqhaza labo elihle ezimpilweni zabo kanye nokuthembeka kwabo. Khona manjalo wasukuma uMkhatshwa wase naye esecela indlela wathi: "Sengicela indlela kwaSibisi isiyobonana kusasa bahlobo bami. Igama enginishiya nalo elithi lapha kwaSibisi nize nazi ukuthi nginani kulolu daba lokubulawa kukaMahlase, kulolu daba nakanjani buzokwenzeka ubulungiswa, kanti okunye sesokhuluma kusasa mayelana nezinhlelo zomngcwabo ukuze nami ngizobona ukuthi ngingasiza ngani."

USthenjwa wamxhawula uMkhatshwa wabe esethi: "Uhambe kahle mfowethu sesobonana kusasa, udaba lukamfowethu nakanjani luzosukunyelwa. Igazi lakhe kodwa ngeke liwele phansi kodwa liyochelela isihlahla senkululeko yangaso sonke isikhathi nesokuthi kuvikeleke abanye abantu abamnyama abangase babe izisulu ngalesi sikhathi se-*lockdown*. Lesi sikhathi esokuthi sisukume singabantu abamnyama, sikulwele ukubulawa kwethu njengezilwane, njengoba kugxotshwa ngezinyawo amalungelo ethu njengabantu, kanye nesithunzi sethu singabantu bese sithi: Sekwanele! Sekwanele manje!"

Ngakusasa kwabonakala uMkhuzi wamaphoyisa ehamba noNgqongqoshe wamaphoyisa bethi bazokhalisa umndeni wkwaSibisi futhi bezobhula ulaka emphakathini othukuthele uganwe unwabu, kwazise abanye abalalanga bevala imigwaqo ngamatshe bavuka ekuseni bashisa namathayi.

72

UNgqongqoshe wamaphoyisa wezwakala ethi uyakhuluma: "Mphakathi ohloniphekile, ngicela ningiphe ithuba lokuthi ngikhulume nani."

"Siletheleni ababulali bakaMahlase. Uma nihlulwa yilokho niphume niphele ihora lingakapheli" Kusho amalunga omphakathi athukuthele agane unwabu.

"Siyanizwa enikushoyo kodwa sicela nisiphe indlebe," kusho uNgqongqoshe wamaphoyisa.

Abantu abazange besamphendula emva kwalokho babengezwa mshini begxoba itoyitoyi becula bethi: "Sifuna ababulali abangenawo unembeza ababulale uMaHlase bembulalela ubala."

UMkhuzi wamaphoyisa azange esathola ngisho ithuba lokukhuluma, kwazise umphakathi wawulokhu uculile, ugxoba itoyitoyi uthi ufuna ababulali bakaMahlase babalethe phambi kwabo. UMkhuzi wamaphoyisa noNgqongqoshe wamaphoyisa bagcina behambile, bathembisa ukubuya maduzane kodwa wathi umphakathi koba kuhle uma bebuya, bebuye nababulali bakaMahlase ngoba ufuna ukubabuza ukuthi ubenzeni uMahlase. Iziphathimandla zamaphoyisa azizange zisathola ngisho ithuba lokuya kwaSibisi, kwazise umphakathi wawungagayelwa mphako.

Ngosuku lokuthi angcwatshwe uMahlase nebhokisi selifikile ekhaya amalunga omndeni avumelana ngokuthi abathathu abahlanganisa noMshiywa bazogqoka izingubo zokuvikela ikhovidi bese bembona uMahlase ukuze baqinisekise ukuthi nguye ngempela yini, nangempela uMshiywa kube uyena ovula ibhokisi. Athuke, "Mameshana lo muntu ofakwe lapha ebhokisini akusiye ubaba kodwa isidumbu sesalukazi esidala esizishwabanele," avele awe phansi, aquleke uMshiywa.

Umsebenzi wokuzicijisa

A. Imibuzo emifishane

1. Veza umqhathi kule ndaba. Sekela impendulo yakho.
2. Chaza isizinda sale ndaba.
3. Chaza ukuthi kuvela kanjani ushayisana?
4. Yini indikimba yale ndaba?
5. Iziphi izigameko ezibuhlungu ezehlela uMaPhakathi?
6. Ngubani uSthenjwa, futhi wenza msebenzi muni?
7. Ubani umlingiswa oqavile? Sekela impendulo yakho.
8. Zingaki izingane zakwaboMshiywa?
9. UMkhatshwa yena uyini kulo mphakathi?
10. Chaza le nkulumo elandelayo.

    a. Izinsilane
    b. Isibibithwane
    c. Ingalo yomthetho
    d. Isihluku
    e. Unembeza
    f. Izisulu
    g. Ikhovidi
    h. Nabampofu
    i. Isixazululo
    j. Imisuka
    k. Inkece
    l. Isicathamiya
    m. Ukugwetshwa udilikajele
    n. Athukuthele agane unwabu
    o. Wawungagayelwa mphako
    p. Unembeza

11. Nikeza izehlakalo ezimbili okwakuzobikwa kuzo amaphoyisa namasosha ayebulale uMahlase.

12. Ubulawelani uMahlase, ebulawa ngobani?

13. USthenjwa uhlobana kanjani noMahlase?

14. Ubani uMaPhakathi?

15. Ubufakazi ngokufa kukaMahlase batholakala kanjani?

16. Ngabe le ndaba ilandwa ngumlandi wokuqala, wesibili noma wesithathu? Sekela impendulo yakho.

B. Imibuzo emide

Bhala i-eseyi ngesihloko esithi, ukuhlukunyezwa kwabantu abamnyama ngesikhathi sekhorona. Bhala kube yi-eseyi ehleleke kahle ngokwezigaba ze-eseyi ejwayelekile. I-eseyi yakho ayibe ubude bamagama angama-300.

Ukuvalwa kwezikhungo ngenxa yekhovidi

Thulebona MaNgubo Shawe

Ubhubhane lwekhovidi lumenyezelwe kwezemisakazo, emaphephandabeni, komabonakude mhla zingama-31 kuZibandlela ngowezi-2019. Leli gciwane lihlasela imigudu yokuphefumula. Limenyezelwe abenhlangano yezizwe ezihlangene kwezempilo i-World Health Organization (WHO). Le nhlangano yezizwe ezihlangene kwezempilo, imemezela nje kungenxa yokuthi kunabantu abatholakale benesifo samakhaza emaphashini edolobheni elibizwa ngeWuhan esifundazweni saseHubei ezweni laseChina. Imibiko ethulwe ngaleli gciwane lekhovidi laqanjwa igama lalo yibo laba benhlangano yezempilo yamazwe omhlaba ngomhla ziyi-11 kuNhlolanja we-2020. Ngenyanga kaNhlolanja kowezi- 2020 amazwe amaningi amemezela futhi aqinisekisa ukuthi asenazo iziguli ezihlaselwe yilolu bhubhane. Ngenyanga kaNdasa kowezi-2020 iNingizimu Afrika yamemezela okokuqala ukuthi nayo isinaye umuntu ohlaselwe ikhovidi. Izizathu ezintathu ezenza uHulumeni nethimba lakhe bakhathazekile ngalesi sifo: okokuqala leli gciwane liyathelelana, okwesibili leli gciwane liyingozi kakhulu kubantu abavele bephila nezifo ezibucayi noma abaneminyaka engaphezu kwamashumi ayisithupha. Okwesithathu ukuthi ezempilo kuzwelonke ngeke zikwazi ukumelana nokwelashwa kwaleli gciwane uma selihlasele abantu abaningi. Lokho okungaholela ekutheni sinyuke kakhulu isibalo sabantu abangagcina beshonile ngenxa yalolu bhubhane lwekhorona.

Ngenxa yokwenyuka kwezibalo zabantu abathelelekile yileli gciwane lekhovidi, uMengameli wezwe laseNingizimu Afrika, uMengameli wezwe wamemezela ngoMsombuluko, mhla zingama-23 Ndasa 2020 ukuba izwe laseNingizimu Afrika lizovala thaqa izinsuku ezingama-21. Ngokuqhubeka kwesikhathi, ochwepheshe baqaphela ukuba izibalo azehli kepha ziyaqhubeka nokwenyuka. Ngaleyo ndlela uMengameli kwakumele ngomhla ziyisi- 09 kuMbasa 2020, kunguLwesine, amemezele ukuthi ukuvalwa kwezwe kuzoqhubeka kuze kube nguLwesine mhla zingama-30 KuMbasa2020. Ngomhla zingama-21 kuMbasa waphinda uMengameli wamemezela ukuthi ukhathazekile ngokwenyuka kwezibalo zabantu abatholakala naleli gciwane lekhovidi.

Kepha uMengameli wezwe wabe esinikeza isizwe isiqiniseko sokuthi uzonyusa isibalo samaphoyisa nabombutho wezokuvikela ukuze bagade abantu ukuba baqhubeke nokuhlala ezindlini. Wakubeka kwacaca ukuba imicimbi isazoqhubeka ivalwe. Kwathi ngomhla zingama-23 kuMbasa 2020, uMengameli wezwe waphinda wenza isimemezelo ezweni. Ilapho-ke aqala khona ukuveza umqondo omusha wamazinga. Izinga lesihlanu kuya ezingeni lokuqala, izinga esabe sikulo ngaleso sikhathi wathi kwakungelesihlanu. Okusho ukuthi uma kungelesihlanu nemithetho yabe isaqinile kakhulu ngoba isimo sokunyuka kwezibalo sabe sisikhulu kepha amazinga azokwehla kancane kancane ayoze afike ezingeni lokuqala. Ngalolo suku uMengameli wamememzela ukuthi iNingizimu Afrika izoya ezingeni lesine kusukela ngomhla woku-1 kuNhlaba 2020, noma kusezingeni lesine kepha imisebenzi yesintu, namasonto nemishado konke kwakusavaliwe. Imingcwabo yona ivumekile kepha ibe nabantu abangeqile amashumini amahlanu. Ngomhla zingama-25 kuNhlaba 2020, kunguMsombuluko ntambama uMengameli wezwe waphinda wamemezela esizweni ukuthi amazinga azokwehla aye kwelesithathu kusukela ngosuku loku-1 kuNhlangulana 2020. Namanjena imigomo ayikashintshi mayelana nokuvalwa kwemisebenzi yesintu, imishado kanjalo nezibalo zabantu okumele zihambele imingcwabo. Abantu abasengcupheni enkulu yokutheleleka ngalesi sifo abantu abadala, abantu abanempilo ebuthakathaka, abahlengikazi nodokotela kanye nabanye abasebenzi bezempilo.

Izwe laseNingizimu Afrika linenkinga yabantu abaningi abanegciwane lengculazi, abanesifo sofuba, sikashukela kanye nesenhlizyo. Abantu abanalezi zifo basengcupheni enkulu yokutheleleka ngaleli gciwane lekhorona. Ocwepheshe bezempilo bekanye nososayensi baqinisekisa ukuthi leli gciwane lekhovidi libhebhetheka ngamathonsi aphuma emlomeni noma emakhaleni uma umuntu onaleli gciwane ekhwehlela noma ethimula. Lama thonsi analeli gciwane awela ezindaweni eziningi futhi kuyenzeka ukuthi ahlale isikhathi eside kulezo zindawo. Kanjalo nangokuxhawulana ngezandla noma ukuthinta indawo enalo leli gciwane. UHulumeni uyimemezelile imigomo okumele ilandelwe ukuvikela ukubhebhetheka kwekhovidi. Leyo migomo yayiphoqa ukuba sitshintshe indlela yokuphila kanye nendlela yokuziphatha. Nochwepheshe bangenelelile ekukhuthazeni izindlela eziphephile zokuziphatha ngaso lesi sikhathi sekhovidi. Leli gciwane bathi abezempilo kumele sigqoke izifonyo ukuze amathonsi aphuma uma sithumula noma sikhwehlela angayi komunye umuntu ngoba angatheleleka. Lezo zifonyo kumele ziwashwe ziphindwe zi- ayinwe ukuze kube nesiqiniseko sokuthi akukho gciwane kuzo. Uma kuyizifonyo zephepha kumele uma usufikile ekhaya usikhumule usilahle. Kanjalo-ke nokuqhelelana ngaso sonke isikhathi, nokuwashwa kwezandla ngensipho njalo ngemuva kwemizuzu engamashumi amabili.

Kule migomo yekhovidi kubekwe kwacaca bha ukuba amasonto kumele avalwe ukuze kuvikelwe ukuthelelana ngaleli gciwane. Ukusebenzela ekhaya kungenze ngaba nasekhathi esiningi sokuzwa imibono yabantu ngalolu bhubhane lwekhorona. Usuku lonke ngisuke ngihlezi ngisebenziza iKhompuyutha. Ngifunda amaphepha abhaliwe, kanye nezincwadi kanjalo nemibono nje yabantu mayelana nalesi sifo esihlasele. Abantu abaningi bazwakalisa ukwethuka, ukwesaba, ukungabaza. Abanye bazibona sengathi balahliwe abakutholi ukwesekwa abakudingayo. Yonke le mizwa ibenza bawubone lo nyaka ungunyaka owehlukile, bagcine sebenokwesaba ukuthi engabe unyaka ozayo wona uzobe ubaphatheleni. Kepha kubuya amavesi amaningi eBhayibhelini njengalawa athi: "Abantu abahamba ngokuhlakanipha okuvela kuSimakade nokugxilile kwinhlalakahle yabantu akumele babhekene nobhubhane bengazivikele." (AbasePhiliphi 4:6-7, AbaseKorinte 4:16-18, AbaseGalathiya 6:9, Mathewu 10:16). Noma ukwesaba nokungazi ukuthi ikusasa libaphatheleni ngenxa yale khorona, kumele amakholwa ahlale ethembeni angasuki kulona.

Uma sifunda kahle umlando kuyashiwo ukuthi akukhona okokuqala ukuba amasonto avalwe ngenxa yobhubhane. Ngonyaka we-1854, eLondon, kwakukhona ubhubhane lwesifo sohudo esabe sibangwa ligciwane elithize. Ngaleso sikhathi amakholwa kanye nabantu abajwayelekile babe nokukhulu ukudideka ukuthi ngabe sithelelana kanjani, benokudideka kokuthi ngabe likhona ngempela yini igciwane. Kepha ngaleso sikhathi isibalo sabantu abashonayo sasinyuka ngamandla. Kuleli lizwe kwakukhona umfundisi uCharles Spurgeon, owayelokhu eqhubekile eshumayeza abantu ahlangana nabo. Lo mfundisi wayekhathazekile kakhulu ngamakholwa ayebonakala egcwele ukwesaba, yingakho ezintshumayelweni zakhe wayekhuthaza abantu ukuba bayeke ukwesaba, kepha bahlalele ethembeni. Wayekugcizelela ukuthi iBhayibheli akuyona incwadi yezempilo kepha amakholwa kumele aqonde ukuthi ukuhlakanipha nokuqonda isimo sangaleso sikhathi yikho okuyowenza avikeleke.

Uma sibuka kulesi sikhathi sekhorona, abantu banemibono ehlukahlukene ngelesi sinqumo sokuvalwa kwamasonto. Abanye babona sengathi lokho kuchaza ukungabi nokukholwa okuliqiniso, ikakhulukazi ngoba lesi sinqumo sokuvalwa kwamasonto eNingizimu Afrika sithathwe ngaphambi kokuba abantu baye ezinkonzweni zePhasika. Akwehlanga kahle kumakholwa amaningi ukuthi wona ekholwa esengavinjwa yisifo nje ukuba ahlanganyele njengokwejwayelekile. Okumangazayo kulokho ukuthi uma amakholwa ekholwa ngempela kumele ngabe ayakwazi ukuba adumise noma engawodwana emakhaya abo. Kepha siwabona amakholwa engakhululekile ngalesi sinqumo sokuba angakwazi ukuhlanganela ezindaweni zokukhonzela. Lokho kushiya imibuzo eminingana, ukuba ngabe amakholwa ayakuqonda yini ukuba kusho ukuthini ukukholwa? Kungabe kanti ukuya ezindlini zokudumisa kusho ukuthi asekholwa kakhulu yini? Kungabe lama kholwa ayalifunda yini iBhayibheli lapho likhuluma ngabaZenzisi, okungabantu abathandaza uma kunezethameli? Ngisho iBhayibheli liyasho ukuthi: Ngokuba lapho kubuthene ababili noma abathathu egameni lami, ngikhona lapho phakathi kwabo", ngokukaMathewu 18:20.

Ukukhala kwamakholwa ngesinqumo sokuvalwa kwamasonto, kwenze kwasobala ukuthi inhlosongqangi yokuya esontweni kwamanye amakholwa akukhona ukuyodumisa uMdali kepha kunezinjongo eziningi ngale kwalokho. Lezo zinjongongo ngokombono wami ngingabala ukuqoqwa kwezimali zomnikelo, ukubukisa ngekhono lomculo noma ubugagu bokucula, ukubukisa ngengqephu, ukubukisa ngekhono lokuthandaza baze bakhale noma bakhulume izilimi. Abanye sebekhumbula ukubukwa ngoba behla benyuka esontweni ngenhloso yokubukwa nje. Amanye amakholwa indlu yesonto ilapho ehlangana khona nabangani babo ukuzoxoxa izindaba ezingathintene nendaba yesonto. Manje lezo zinjongo azifezeki uma besemakhaya abo. Yingakho-ke uma lolu bhubhane seludlulile kumele abezenkolo bakucacise emabandleni abo ukuthi ngempela kusuke kuyiwelani ezindaweni zokudumisa, ukuze amakholwa abe nokucaciseleka ukuthi kusho ukuthini ukuhlanganyela ndawonye endlini yokukhonzela. Amanye alama kholwa yingoba acashe ngesithupha, uma eya ezindaweni

82

zokukhonzela abukeka emsulwa kanti akunjalo ayazazi izindlela zawo zobumnyama. Manje uma amasonto evaliwe angaze abonakale imibala yawo yangampela.

Isonto yindlu njengendlu lapho kuthiwa wonke umuntu akahlale khona ekhaya lakhe. Ukuya endlini yesonto akwenzi umuntu abe ngcwele, kepha imisebenzi yakhe umuntu ayenzayo emenza ongcwele. Manje isikhathi-ke sokuba amakholwa azibhekisise ukuthi imisibenzi yawo ibenza babukeke benjani ezweni. Amakholwa akekho owaphuce iBhayibheli noma izincwadi zamaculo, ngaleyo ndlela awaqhubeke akhonze nemindeni yawo emakhaya awo. Kusizani ukujabulela ukuvulwa kwendlu yesonto, uhambe uye esontweni masonto onke kepha ekhaya lakho abantwana awubafundisile lutho ngokwesaba uMdali nangokuthandaza? Mina ngibona kuyisikhathi lesi lapho amakholwa noma ngabe awamaphi amabandla okumele asisebenzise ukushumayeza imindeni yawo. Nangaphandle kwemindeni yawo, siphila emiphakathini enabantu abentulayo kakhulu. Yilapho-ke ubukholwa okumele buvele khona ngokunikela ngalokho onamandla akho komakhelwane ophilasana nabo. Mathewu 6:2 "Uma unikela kulabo abahlwempu, akumele ushaye icilongo phambi kwakho, njengabazenzisi benza emasinagogweni nasezitaladini ukuze bahlonishwe ngabantu. Iqiniso ngithi kuwe, sebevele bawutholile umqhele ngokupheleleyo."

IBhayibheli lithi kuMathewu 22:39: "Ubothanda umakhelwane wakho njengoba uzithanda wena." Yiso-ke isikhathi okumele amakholwa atshengise ngaso uthando analo ngomakhelwane babo. Incwadi kaJohane 4:17-21 iphinde isikhumbuze ukunakekela abasebandleni, kanjalo nomakhalwane bethu esibabonayo ukuthi basengcupheni. Ukunikela akusho ukuthi kumele ubanikeze imali, kodwa kungasho ukuba ngelinye ilanga ubanikeze isinkwa noma upheke kahle unikeze umakhelwane omaziyo ukuthi akanawo kwagesi wokubeka ibhodwe eziko. Amanye amakholwa ahlala eduze komakhelwane imizi esele nezingane zodwa lapho kungekho muntu omdala. Ubukholwa-ke busho ukuthi kumele ngabe ngalesi sikhathi baba ngazali kulezi zingane kungabe kusho ukuvuka ekuseni upheke ukudla kugcwale ibhodwe bazibale nalezi zingane zize zizokudla kanye nabo, noma ukuthenga ukudla bakuhambisele laba bantwana ukuze nabo balale bedlile. Kunabantu abadala abanye abasakwazi ngisho ukuzihlanzela izindlu abahlala kuzo nokuziwashela izingubo zokugqoka nezokulala, laba bantu abanye babo bahlala ngabodwana. Abanye balaba bantu abadala abasakwazi nokuba bayozilandela imithi uma bengaphilile ngenxa yokuthi amadolo awasavumi. Kunzima nokuthi baye kohola imali yesibonelelo sikaHulumeni ngenxa yokuba buthaka emzimbeni. Ngalesi sikhathi-ke amakholwa esemekhaya kumele ngabe ayazinikela ngezimoto zawo ukusiza labo bantu abadala abanezinkinga ezinjalo. Ngaphandle kokushaya icilongo noma ukubheka inzuzo. Kepha ngothando lokuthanda umakhelwane wakho njengoba uzithanda wena.

Kuyithuba elihle leli lekhorona ukuthi umuntu ozibiza ngekholwa ahambe ayozinikela ukuba alekelele. Umsebenzi wekholwa awukho endlini yokukhonzela kepha usezweni. Yingakho incwadi eNgcwele kuMathewu 4:19-20, ithi "Ngilandeleni, ngizonenza abadobi babantu." Amakholwa kumele ngalesi sikhathi alingise uPetru, uTomase, uJakobe, uJohane kanye nabanye babafundi bakaJesu ngesikhathi besolwandle lwaseGalile.

Yisikhathi sokuthi omakhelwane abangakholwa babone ubuhle bokuba likholwa ngoba bebona izenzo zamakholwa. Kuthi nanxa sekuvulelekile ukuba amakholwa aye ezinkonzweni, kube yilelo nalelo kholwa libonge ikhovidi nemigomo yalo ngoba lathola ithuba elanele lokuba libe umakhalwane onothando liphinde futhi lifundise abantwana ekhaya ngenkolo nokuthi lenze umehluko kubantu eliphila nabo. Ekuvalweni kwamasonto ngenxa yekhorona, noma kunobubi bakho kepha kukhona nokuhle. Amakholwa yibona bantu abayisibuko sezwe, uma bona benza kahle ezweni, izwe libukela kubona nalo ligcine selenza kahle. Amakholwa kumele aqonde ukuthi ukukholwa akusho ukuthi ngeke sisagula noma sihlaselwe yizifo kepha incwadi eNgcwele kwabaseRoma 5:3-5, 2 nabaseKorinte 1: 8-9, isethembisile ukuba siyokuba nokuvikeleka ngaphezu kwempilo.

Kule migomo ebekiwe kwaba ngukuthi imingcwabo kumele ihanjelwe ngabantu abangevili emashumini amahlanu. Kunemithetho ebekiwe ngalesi sikhathi sekhorona ukuthi ngobani okumele beze emngcwabeni nalabo okungamele babekhona emngcwabeni. Lesi simo singangamukeleki kahle kwabanye abantu. Kepha-ke le migomo ibekiwe futhi kumele ukuba ilandelwe.

Obani okumele babekhona emngcwabeni? Ngokomthetho wekhovidi abangcwabi nezinhlangano ezilekelela ekungcwabeni njengo masingcwabisane nemishwalensi, zivumelekile ukuba zivulwe zisebenze. Yingakho labo abahanjelwe yizihlobo zabo kumele baqhubeke nokubambisana nalezi zinhlangano, kanye namakhansela ezindawo abazakhele ukuze bacaciseleke ngemigomo okumele bayilandele ekuhleleni umngcwabo. Kungenzeka ukuba imithetho ishintshile njengesikhathi okumele inkonzo yomngcwabo isithathe nokuthi kumele kube sekungcwatshiwe ngasiphi isikhathi. Kule migomo kumbandakanywe nesibalo sabantu okumele babekhona kule nkonzo yomngcwabo, okungukuthi kumele kube ngabantu abasondelene kakhulu nomndeni kanye nelunga elisuke selidlulile emhlabeni. Amazwe ngamazwe enze imithetho ehlukahlukene mayelana nezinhlelo zokungcwaba ngalesi sikhathi sekhorona. Njengasenhla ne-Ireland, abantu okumele babekhona emngcwabeni akumele badlule kubantu abayishumi, eNgilandi, Wales naseScotland, kumele kube nesibalo esincane sabantu ababakhona emngcwabeni. Ngenxa yokungalingani kwezindawo okungcwatshwa kuzona kanjalo nemithetho iya ngokwehluka ukuze ihambelane nesimo sendawo. Nakhona emngcwabeni kusuke kulandelwe izinqumo-mgomo zekhorona zokushiya ibanga phakathi kwabantu. Yingakho nje kukhuthazwa ukuba uma uzibona unezimpawu zekhorona kungamele uze uye emngcwabeni ngoba ungaze uthelele abanye abantu. Uma unesifo noma izifo ezibucayi njengomndlavuza usuke usesimweni esibucayi kakhulu kanjalo uyanxuswa ukuba ungazimbandakanyi nabanye abantu. Ngisho ngabe usondelene nalowo oshonile kumele uziqhelelanise nabantu abaningi. Kanjalo uma ngabe iminyaka ingaphezu kweminyaka kwamashumi ayisikhombisa kumele uzame ukuba kude nabantu abaningi. Yize uHulumeni engeke akubeke cala uma uthatha isinqumo sokubakhona emngcwabeni yize isimo sempilo yakho singakuvumeli noma iminyaka yakho ingakuvumeli, kepha kuyoba yisinqumo esiphusile ukuthi ungazimbandakanyi ukuze uphephe.

Ukushiya isikhala phakathi kwabantu ngisho emngcwabeni. Ngokujwayelekile abantu bayashona, kungaba yingenxa yokugula noma kuba yizingozi noma kube ukushona nje, noma ngabe umuntu ushone kanjani kepha labo bantu abamaziyo, abahlobene naye noma abangani bayathinteka kakhulu emoyeni wabo. Ngaphandle kokuthinteka kepha ukushona kulesi sikhathi sekhorona kwenza kube nenkulu ingcindezi emndenini, ngoba basuke sebazi ukuthi sekuzomele balandele imigomo ethize kuze kube kufika usuku lomngcwabo. UHulumeni nochwepheshe bezempilo benze imithetho yokuba kushiywe isikhala phakathi kwabantu, lemi thetho kumele isebenze ngisho emngcwabeni. Lokho kusho ukuthi abantu abahlala emizini ehlukene kumele uma bendawonye bashiye isikhala esingangamamitha amabili phakathi kwabo. Nangaphandle kokushiya isikhala kumele benze isiqiniseko sokuba njalo emveni kwemizuzu engamashumi amabili bahlanza izandla zabo ngensipho namanzi ashisayo Ngokwejwayelekile abantu uma bebonana emingcwabeni bayaye bangane ngoba basuke beduduzana noma basuke bekade bagcina ukubonana noma baxhawulane.

Abanye abantu kungabacasula ukuthi yonke le ndlela yokududuzana abasakwazi ukuyenza ngenxa yalesi simo sekhovidi. Kepha abantu sekumele bazifundise izindlela ezintsha manje zokududuzana njengakuthumelelana imiyalezo emafonini noma amakhadi noma ukufonelana. Abantu bangaba nemizwa ehlukene mayelana nalo mgomo wokuqhelelana ngesikhathi somngcwabo. Njengalena elandelayo: ukuzizwa bengasekelani ngoba abakwazi ukuthintana, bangatshengisani ukudabuka, ukucasula noma intukuthelo uma bebona ukuthi othandiweyo wabo akangcwatshwa ngendlela eyejwayelekile, bangazithola benokuphazamiseka emiqondweni. Abanye bangathokozela ukuba nethuba nje lokuba khona emngcwabeni, abanye bangazithola belahlwa unembeza ukuthi bona bakwazile ukubasohlwini lwabantu abakhona emngcwabeni. Kepha ezinye izihlobo zangafakwa, abanye bangazithola sekufanele baqikelele ukuba bangalokhu bekhuluma ngezinhlelo zomngcwabo nalezo zihlobo ezingafakwanga ohlwini ukuze bavikele imizwa yokuzizwa bebekwe ngaphandle. Okukhulu kunakho konke ukuba semngcwabeni lapho uhlezi unokukhathazeka kokuthi uzotheleleka ngekhorona.

Ngaphandle kwale mizwa, abantu basuke besazoba nemizwa yokudabuka ngokulahlekelwa yisihlobo sabo. Yingakho kubalulekile ukuthi abantu abasondelene nomndeni kepha abangekho ohlwini lwabantu abazobakhona emngcwabeni kumele basheshe baziswe ukuze bangazizwa bephoxeka ngosuku lomngcwabo. Uma benesifiso basengeza ukuzoduduza umndeni ngaphambi kosuku lomngcwabo noma emuva kwawo. Kungabe kungcono ukuba bonke abantu usiko lwabo luyabavumela ukuba bawushise umzimba womuntu ongasekho. Kungabibikho indaba yokumbiwa kwemigodi yamathuna. Kungabe akuzweli kakhulu ngale migomo ebekiwe mayelana nokungcwaba. Le migomo ilethe okukhulu ukudideka ngoba ngokwesiko lesintu akumenywana ngosuku lomngcwabo. Kepha yilowo nalowo ozwelana nalowo mndeni osuke ulahlekelwe yilunga lawo uyaye eze ngosuku lomngcwabo. Enye into ebe yinkinga kakhulu ukuthi labo bantu abakhele izindawo zasemakhaya kumele babe nabantu abazobasiza bezokumba umgodi wokungcwaba. Manje uma kulowo mndeni oshonelwe kunabantu besifazane kuphela, uma abantu besilisa bengezi ukuzomba umgodi kuzogcina kungcwatshwe kanjani. Manje sekuzofanele labo abashonelwe bahambe benxusa abantu abazokuza bezokumba umgodi? Kanti ngokwejwayelekile abantu uma sebezwile ukuthi kukhona ohanjelwe lilungu lomndeni nokuthi ungcwatshwa nini, abantu bayazizela ukuzolekelela ekumbeni umgodi, ukuze umzimba ufakwe emgodini bese beyahamba. Uma ngabe lo mgomo usubekiwe manje-ke lonke lolu hlelo lokumbiwa komgodi lugcina seluyinkinga ezindaweni zasemakhaya.

Nangaphandle kwabantu abamba umgodi, izihlobo namalunga omndeni osuke ushonelwe ungaqala ngakuphi ukuwatshela ukuthi awangezi emngcwabeni ngoba awekho ohlwini lwabantu abalindelekile. Lokho kungadala uqhekeko emindenini, iqale icabange ukuthi iyanukwa ngokuba nesandla ekushoneni kwalowo muntu. Indlu ensundu inezinkolelo eziningana, njengakho ukuthakathana ngoba amalunga omndeni azozibuza ukuthi ngabanjani abavumelekile ukuba babekhona emngcwabeni.

Nangaphandle kosuku lomngcwabo, uma sekushoniwe abantu bendawo sebekuzwile lokho. Bayaye baqhubane bahambise imikhuleko yendunduzo kulowo muzi osuke uhanjelwe lilunga lawo. Ngenkathi belethe imikhuleko basuke bengashongo futhi basuke bengamenywanga. Ngaleyo ndlela kumele baguqule usikompilo lwabo ukuze baphephe kulolu bhubhane. Ngenkathi isidumbu sisasemakhazeni omakhalwane namalunga omndeni bayaye bazolalisa umndeni oshonelwe kuze kufike usuku lomngcwabo. Lapho isibalo futhi kungenzeka siphikisane nemigomo yekhovidi ngoba izothatha ngokuthi kungukuhlanganyela. Nangosuku lomngcwabo kuyenzeka ukuba kuhambe inhloko yomuzi, okungubaba wekhaya. Lapho kumele bahlabe inkomo yokumphelezela ngokosiko noma ngabe lowo mndeni awunaso isiqandisi kepha uyaye uyihlabe inkomo ngethemba lokuthi umphakathi nezihlobo uzobe uphume ngobuningi bawo ukuza emngcwabeni. Ngaleyo ndlela inyama ngeke yonakale ngoba baningi abantu abazoyidla, kepha manje imigomo yekhovidi iyakuphikisa lokho. Ikhovidi noma ngabe ifika nayo yonke le migomo yemingcwabo kodwa kumele siyibuke ngendlela ezosifundisa ngayo Ubuntu. Imvamisa izihlobo nemindeni nomakhalwane abagcina ngokushona bangcwatshwe, basuke bekade benezinkinga zokugula, abanye badala kakhulu kepha bahlala ngabodwana. Abanye izingane zabo zashada basala bodwa noma izingane zabo sezashona bagcina besala bodwa. Lokho-ke thina njengemindeni sisuke sikwazi lokho kepha asibasizi ngalutho sibukela kude sengathi akuwona umsebenzi wethu ukuthi sibanakekele, sibanike nothando, sihlale ngokubavakashela sibuze ukuthi singabasiza kuphi ngani. Kuyaye kuthi noma sebegula, sesizwile kepha asizikhathazi ngokuthi siye ukuyobabona sibayise kodokotela ukuze bathole usizo isikhathi sisekhona. Kepha kuthi uma sesithola umbiko wokuthi basishiyile emhlabeni, sibe sesitshengisa ukukhathazeka okukhulu nothando olwedlulele. Lolu thando obekumele sibatshengise besaphila, uma sekuthiwa lowo muntu womndeni useshonile futhi angeke bafakwe ohlwini lwabantu abazoza emngcwabeni, kube sengathi bayabandlululwa, kuzwele kakhulu okungaze kudale uqhekeko emndenini. Kanti Ubuntu yinto okumele siyitshengise kubantu esibathandayo uma besaphila, ngale nkathi besanawo wonke amandla okuzibongela kokuhle esisuke sibenzele khona.

Nemishado nayo yamiswa ukuba ingenzeki ngoba lokho kwenza ukuba isibalo sabantu sibe siningi bendawonye lokho okunganyusa amathuba okuthelelana ngalolu bhubhane. Imishado akuyona into okuvele kuvukwe nje ekuseni yenziwe kepha kuqale kubekhona imicimbi eminingi okumele yenziwe ngaphambi kokuba kufikwe esivumelwaneni sosuku lomshado. Manje akukhona kuphela ukuvumelana ngosuku lomshado kepha nayo le micimbi okumele yenziwe ngaphimbi kwawo umshado ivaliwe ngoba ngenkathi yenziwa ihlanganisa imindeni nezihlobo ezisuke zilobolelana. Ngaleyo ndlela isibalo sabantu okumele babekhona sikhulu kakhulu manje kumele leyo mcimbi imiswe ingabikhona ngalesi sikhathi sekhorona. Ngenkathi le micimbi yenziwa abantu basuke beqhamuka ezindaweni ezahlukene bezohlanganyela ndawonye lokho okungakavumeleki ukuba kwenziwe. Abantu bahlalele ovalweni manje ukuthi le khorona kungenzeka ukuba yenze abathandiweyo babo bagcine sebeshintshe imiqondo mayelana nokuba babashade noma nemali ekade ibekelwe le micimbi eyenziwa ngaphambi kwemishado

91

noma ngosuku lwawo umshado, ukuba igcine isisetsheniselwe ezinye izinto ngoba nakho phela ukumiswa kwemishado kuyinkinga enkulu ngoba abantu kuyenzeka bakhethane bengahlali ezindaweni noma ezifundazwei ezizodwa. Manje ngenxa yemigomo yokuhamba edinga izimvume, uzothola ukuthi laba bantu ababili abaganeneyo abasakwazi ukugcina ukuchitha isikhathi bendawonye ngenxa yokuthi kunemithetho elawula ukuhamba. Ukuze baxhumane sekusebenza kakhulu izingcingo, lokho okwenza abe mancane amathuba okuba babonane. Ubudlelwano lapho ukubonana noma ukuvakashelana kunemigomo nemibandela kuyaye bugcine bunengcindezi. Ekugcineni buyashabalala noma lobu budlelwano boba nezinkinga thizeni. Uma le khorona igcina ngokuqhubeka isikahathi esingangemimyaka emihlanu kungabe lokho kusho ukuthi akukho muntu ozoshadwa noma ashadelwe kule minyaka emihlanu ezayo?

Yindida ngempela lena! Kungabe le khovidi izohlukanisa abantu abebekade behlele ukwakha ikusasa labo ndawonye? Kungabe kusho ukuthi sizoba nenqwaba yabantu abazobe behlalele ethembeni abangalazi ukuthi liyoke lifike na? Yinkinga le ndaba yekhovidi ngoba abazali uma benabantwana bamantombazane asebekhulile sebefikile esigabeni sokuba bangalotsholwa, bahlezi benethemba lokuthi bazovuswa ngabantu esangweni bezocela isihobo esihle. Manje lawo mathemba azoya ngokushabalala-ke manje. Nalabo bazali akade sebeqalie ukwakha izibaya ngenzansi komuzi ngenxa yethemba lokuthi ziyeza izinkomo zamalobolo, sengathi kumele baphonse ithawula noma sisazobona abantu bewephula lo mgomo wokuvalwa kwezinhlelo zemishado ngenxa yokuthi kade bakuhlelela ukuthi kwenzeke.

Abanye abantu siyabona emaphephandabeni nakumabonakude bengawulandeli lo mgomo, abanye bagcine sebeboshiwe ngalo usuku lomshado. Ngokwesiko lesintu uma ngabe usuku lomshado selunqunyiwe, kuyaye kuthiwe ayikho into engaluhlehlisa noma kungavela isifo emndenini noma kungashona oyedwa kulabo abebekade bezoshadana kodwa umshado uyaye uqhubeke kudingeke lowo oseshonile ukuba amelwe ngomunye umuntu. Ukuhlehla kosuku lomshado kuletha umkhokha ekhaya. Kepha ngenxa yesimo sekhovidi, imigomo ayibanganasiko ibekelwe ukuthi ilandelwe ukuze impilo yabantu ingabi sengcupheni. Okubalulekile abantu abadinga ukubopha ifindo lomshado basengakwazi ukuthi bona bahlela nomfundisi ozobashadisa bahambe bayokwenza incwadi yomshado ngaphandle kokumema izinkumbi zabantu, noma labo abafuna ukushadana basengaya enkantolo bayobhalisa umshado wabo. Lokho, kusavumelekile, lezo izindlela eziphephile ezenza kungabi bikho izinkumbulu zabantu ndawonye. Lokho kwenza kungababikho nokubulawa kwezilwane njengezinkomo, lowo okuba umkhuba owenziwayo uma kushadwa. Okungenani bahlabe bewumndeni kuphela bagcine usiko emsamu. Nokwenza ukuthi abantu babuthelane ndawonye ngobe bezodla leyo nyama esuke ihlatshiwe. Indlu yakithi ensundu izithola isisenkingeni enkulu ngoba umshado ungomunye wemisebenzi ehlanganisa kakhulu amadlozi. Kusuke kumele ikhishwe indodakazi, uma ikhishwa abazali kumele bahlabe imbuzi yokubika emadlozini ukuthi indodakazi iyahamba manje iya emzini kwamkhwenyana ngaleyo ndlela bayacelwa ukuba baphinde bayibheke noma ngabe isilapho ngoba ihambe ngokwemvume yabazali. Ayiziganisanga kepha umkhwenyana ulobolile, nakubo kamkhwenyana kuphinde kuhlatshwe inkomo yokumamukela okumele yena umalokazana ayigwaze isisu sayo ukuze akwazi ukuzala abantwana. Ngenkathi umalokazane eya kubo kamkhwenyana usuke engahambi ngayedwana kepha usuke ehamba nezintombi zangakubo zimphelezela. Lapho-ke isibalo sisuke kungesabantu abaningana, lokho sekuchaza ukwephulwa kokuvalwa kwemisebenzi ngaso lesi sikhathi sekhovidi. Ngenxa yale migomo yekhovidi abantu abansundu abasawalandeli amasiko bazithola sebengazi ukuthi kumele benze ini ngoba lendaba yekhovidi akuyona into okuzokusa kusasa isiphelile kepha yinto esazoba khona empilweni zethu.

Imisebenzi yesintu imisiwe ukuba yenzeke ngenxa yemigomo yekhovidi. Abantu abansundu noma ngabe sebefundile kangakanani noma ngabe sebehlala ezindaweni ezibiza izambane likampondo kepha abakhohlwa lapho bevela khona. Ngaleyo ndlela imisebenzi yesintu ngeke ngithi yenziwa ezindaweni zasemakhaya noma emaphandleni kuphela. Kepha lapho kukhona noma kuhlala khona abantu abansundu siyaye sibone beqhubeka nokugcina amasiko abo benza imsisebenzi yesintu. Imisebenzi yesintu imbandakanya ukubulawa kwezilwane ezahlukahlukene, njengezimbuzi, izinkomo, iziklabhu njll. Uma le misebenzi yenziwa kuyaye kumenywe izihlobo nabangani ukuba zize zizohlanganyela. Kule misebenzi yesintu omakhelwane abalindi ukumenywa, uma bebona isilwane kanye netende bavele bazizele kulo womuzi. Indlela yokwehlisa inani labantu abangabakhona emicimbini yesintu ngeke isebenze. Ngeke umuntu ozoba nomcimbi akwazi ukulawula ukufika kwabantu noma ngabe isibalo uyakwazi ukusilawula, emakhaya imvamisa bahlaba izinkomo noma bengenazo iziqandisi ngoba bazi ukuthi abantu bazofika ngobuningi babo bazoyidla inyama ingaze yonakale. Manje uma abantu bengaphoqa benze imsebenzi yesintu lokho kungaba nezinkinga eziningana. Inyama ingagcina yonakele ngoba abantu besaba ukuza bezodla ngoba bayazi imigomo yekhovidi ayibavumeli.

Lokho kwenza ukuba isibalo sabantu bendawonye sibe sikhulu kanti lolu bhubhane luthelelana kakhulu uma abantu bendawonye. Abantu ezindaweni ezahlukene sibonile emaphephandabeni nakumabonakude bewuphula lo mgomo ngokuqhubeka benze imisebenzi yabo yesintu njengokujwayelekile. Okungenzeka ukuba bawuphula lo mgomo ngoba base bevele belinqumile usuku lwawo umsebenzi manje abasafuni ukuluhlehlisa. Abantu abakholelwa kule misebenzi banokukholelwa ukuthi uma usuku selubekiwe kanjalo namadlozi asuke eselwazi futhi asuke eselubheke ngabomvu lolo suku. Uma sebezoluhlehlisa ngaphandle kokwazi ukuthi baluhlehlisele inini lokho kungadala ukuba amadlozi bese ethukuthela. Lokho okungagcina kwenze nomkhuhlane ekhaya noma kungenzeka ukuba imisebenzi abayenzayo banenkolelo yokuba kufanele ilungise izimo thizeni emindenini yabo manje ngeke bakwazi ukuyimisa bengazi ukuthi bayimisele indaba yanini. Imisebenzi yesintu ihlukene izigaba eziningana, eminye yalezo zigaba imbandakanya ukuba yenzeke ngenhloso yokwelapha isifo noma umkhuhlane othize, noma ukuvala ishwa elithize ukuba lingaphinde lenzeke kulowo mndeni. Manje uma imigomo ivele ithi imisebenzi yesintu kumele ivalwe lokho kwenza abantu babe novalo lokuthi uma imisebenzi enjengokuvala imikhokha emibi ekhaya ingenziwa. Lokho kungadala ukuba lowo mkhokha uqhubeke. Eminye imisebenzi yesintu isuke yenziwa ngoba kuvalwa imikhuhlane ethize emndenini. Yingakho-ke begcina abantu sebephikisana nale migomo yekhovidi. Yingoba basuke besovalweni lokuthi uma le misebenzi bengayenzi kungabakhona okubi okungabehlela.

Eminye yale misebenzi inesikhathi esibekelwe okungamele sidlule ingenziwanga, isibonelo: eminye imindeni uma kuzalwa umntwana kumele emveni kwamasonto ambalwa ahlatshelwe imbuzi ebizwa ngokuthi imbeleko. Okuyindlela yokuthi lowo mntwana uyabikwa emadlozini futhi uyamukelwa njengelunga elisha lomndeni. Manje-ke imisebenzi enjengaleyo uma imisiwe ukwenziwa abazali bangahlalela ovalweni lokuthi umntwana angaba namashwa noma ukugula okuthize noma ukuphazamiseka ekukhuleni kwakhe ngoba akamukeliwe ngamadlozi alapho ekhaya. Kanjalo nemisebenzi yokubuyiswa komuntu ongasekho, abantu abaningi abayenza uma kuphela izinyanga eziyishumi nambili emuva komngcwabo. Injongo enkulu yalowo msebenzi ukuthi lowo muntu usuke engasekho bambuyise ukuze ahlangane nezidalwa zakubo ezingasekho. Uma esebuyisiwe kuyinkolelo yokuba uyobe esekwazi ukuletha nezibusiso kulaba abasaphila bomndeni wakhe, abavikele nasezitheni nasekuguleni nakwimimoya emibi engase ibahaqe. Nemisebenzi enjengomhlanyane kanye nomemulo kanye nokusokwa yonke le misebenzi yenziwa ngesikhathi esithize noma labo okusuke kumelwe benzelwe kumele babe sesigabeni esithile sokukhula. Manje-ke nayi ikhorona nemigomo yokuvala thaqa imisebenzi yesintu. Kule misebenzi yesintu singabala ngisho neyokuphothula, lapho kusuke kukhishwe khona amathwasa. Kunabantu abaningi-ke asebedlulelwe yisikhathi sokwenzelwa le misebenzi ngesimo sekhorona nemigomo yakhona. Noma ngabe labo abathintekayo kulokho abanalo ikhono lokuhlala phansi babhale ngakho, kepha kunikeza thina esinalo ithuba ukuba sibhale ngale nkinga esiyibonayo. Ngiyavuma abantu abaningi sebekholelwa kakhulu kwizinkolo zaseNtshonalanga lapho zingakukhuthazi ukwenziwa kwemisebenzi yesintu. Kepha kulabo abasadla ngoludala, kumele nabo babhekelelwe bangavalelwa ngaphandle.

Manje labo bantu noma ngabe bayayilandela le migomo ebekiwe yekhovidi kodwa bahleli ngexhala emoyeni wabo ngokuthi engabe bayonikwa nini futhi imvume yokwenza imisebenzi yabo yesintu. Le misebenzi bayenza ngezinhloso zokulungisa izinto ezithize manje uma seyivaliwe yonke le misebenzi kuyacaca ukuthi izinto zabo azizukuhamba njengohlelo lwabo. Bengibuka nje kweminye yemisebenzi yesintu engathinti amakhaya abantu kuphela kepha embandakanye namasiko njengokuhlolwa kwezintombi, okungumkhosi woMhlanga owenziwa njalo ngonyaka esigodlweni seSilo samabandla onke inkosi uZwelithini Goodwill Zulu, eNyokeni kwaNongoma esifundazweni sakwaZulu-Natali. Lo msebenzi ukhuthaza amantombazane angakagcagci ukuba angazimbandakanyi nocansi. Manje abantwana bachithe isikhathi eside besemakhaya bengayi ngisho nasezikoleni. Lokho kungabenza begcine benze izinto ezingafanele ngenxa yokuthi abazi ukuthi kumele benzeni njengoba behlezi emakhaya. Vele bayabona nesimo sekhorona ukuthi ivaliwe imisebenzi yesintu. Bazozitshela ukuthi vele ngeke babonwe noma ngabe sebeqe umgomo wokuziphatha ngoba kuyacaca amathuba okuba lo msebenzi womkhosi woMhlanga awukazuba khona. Abazali abayaye bathumele izingane zabo kulo mkhosi ngiyethemba nabo bahlalele ovalelweni ukuba ngabe ngampela izingane zabo zizokwazi yini ukumelana nengcindezi yekhorona, kuze kufike lesi sikhathi somkhosi okungaziwa noma kulo nyaka uyoke uvulwe yini. Ngingemangale uma isibalo sentsha ekhulelwe kulo nyaka sinyuka kakhulu ngoba intsha nayo ngakolwayo uhlangothi isilahle ithemba mayelana nokuthi iyoke iholwe noma ihambele umkhosi woMhlanga okade uyikhuthaza kakhulu ekutheni igcine ubuntombi bayo.

Ukuvalwa kwemisebenzi yesintu kubeka ngokusobala ukuthi ocwepheshe bezempilo bebambisene noHulumeni abakuqondi noma abakuhloniphi ukuthi abantu banamasiko abo. Angisho ukuthi kumele avuleleke njengokwejwayelekile kepha kumele ngabe nakhona kunemibandela eyenziwe, njengokuthi ingadluli kwinombolo ethize yabantu. Ikhovidi akuyona into ezophela kusasa noma ngenyanga ezayo kepha yinto esazobakhona nje empilweni yethu. Abantu kumele bafundiswe ukuphila ngendlela ephephile ukuze bavikeleke bese impilo iyaqhubeka. Amabhizinisi siyawabona evulwa ngoba kucatshangelwa isimo somnotho wezwe. Kukhona abantu abasakholelwa kakhulu emasikweni abo ukuze impilo yabo iqhubeke. Uma sekuphele isikhathi esingangezinyanga ezintathu bephuciwe ilungelo lokwenza amasiko abo, lokho angikuboni kunobulungiswa. Ekubeni akukho sikhathi esibekiwe okwamanje sokuthi abalinde mhlawumbe ngenyanga elandayo bazokwazi ukuqhubeka nokwenza imisebenzi yabo yesintu.

Ngokwejwayelekile izifo ziyafika zihlasele iningi labantu, abanye basinde abanye bagcine lezo zifo zibanqobile bese beyashona. Ngenkathi izifo zihlasela, ochwepheshe bezempilo benza ngakho konke okusemandleni abo ukuba basiqwashise ngazo. Bese ongoti kwezesayensi bazame ngakho konke okusemandleni ukuba bathole ukuthi kungabe leso sifo esihlasele siqhamuke kuphi? Kanjani? Nini? Ulwazi abaluthola lapho abagcini ngokulugodla kepha benza abahlali noma izakhamuzi zibe nalo ulwazi. Abacwaningi bezesayensi ababe besalala-ke bezama ukuthola ikhambi lokumisa leso sifo noma ikhambi lokusithithibalisa leso sifo. Ngenkathi ongoti bezesayensi besebenza ngokuzikhandla befuna ikhambi, kanjalo nabelaphi bendabuko basuke bengazibekile phansi, befuna ikhambi nabo baphinde bacobelelane ngolwazi. INingizimu Afrika isabahlonipha kakhulu abelaphi bendabuko, iyabanika nabo ithuba lokuba baveze imibono yabo.

Ngenkathi kusenziwa lonke ucwaningo, impilo isuke iqhubeka njengokwejwayelekile. Kepha ochwepheshe bezempilo basinikeza ulwazi olufanele mayelana nezindlela zokugwema ukubhebhetheka kwaleso sifo esisuke sihlasele ngaleso sikhathi. Ezinsukwini nje esengiziphilile ngizibonile izifo ezahlukahlukene zihlasele abantu ezweni. Engingabala kuzo isifo sophenyane, isifo sohudo, umalaleveva, isichenene, uzagiga, isimungumungwane, isifo sovendle, isifo sokuwa, umdlavuza, isifo sikashukela, isifo sofuba, igciwane lesandulela ngculazi njll. Lezi zifo ngenkathi zihlasele zabe ziyingozi kakhulu ezinye zazo zashiya abantu bekhubazekile, ezinye zabulala inqwaba yabantu. Kepha akukho nesisodwa sazo okwake kwathiwa abantu abazivalele ezindlini, kuvalwe nemisebenzi, namasonto kanjalo nezikole. Ngenkathi zihlalsele lezi zifo ongoti bezensayensi basebenza ngokuzikhandla ukuthola amakhambi okulwa nazo noma okuzenza zithithibale egazini lomuntu. Manje kungabe le migomo efika nalesi sifo sekhorona kungabe idingekile na? Angiphikisani nokuthi lesi sifo siyingozi kepha ngicabanga ukuthi kumele abantu bafundiswe kabanzi ngokuphila naso lesi sifo. Babe nolwazi olwanele lokuba yiziphi izindlela eziphephile okumele bazisebenzise. Impilo iphindele esimeni esijwayelekile, kuqedwe la mazinga abekwe nguHulumeni.

Uma sibheka le migomo siyabona ukuthi iletha okukhulu ukudideka nokungazi ngekusasa. UHulumeni ubhekelele kakhulu kwezomnotho wathi izimboni azivulwe ngenxa yokuthi unengcindezi evela kosomabhizinisi. INingizimu Afrika ukuze iqhubeke ayincikile kwezomnotho kuphela kodwa kunezinto aziningi ezithintekayo. Ezivaliwe kuyimanje nesingazi ukuthi ziyovulwa nini. Akubona bonke abantu abathintekayo abakwaziyo ukuthi kumele benzenjani ukuze baveze indlela abazizwa ngayo mayelana nale migomo yelesi sifo. Akubona bonke abantu abakwazi ukuthatha usiba babhale baveze imizwa yabo mayelana nalemigomo ebekiwe mayelana nalesi sifo. Izifundiswa siyabona zibhalile izincwadi ezinye zabhala namaphepha zibeka imibono yazo. Kepha-ke labo abangenalo lelo khono kumele bathule nje balinde ukuthi uHulumeni uthini bese bethobela umthetho wakhe? Kuyacaca ukuthi iNingizimu Afrika ngempela iyolawulwa yibo abantu thizeni kepha abanye abanazwi kuyona, noma ngabe kubahlukumeza kangakanani okulethwe yilesi simo kepha ukuze bahlale ngokuthula kumele bavale imilomo kube sengathi yonke into ilungile yize ingalungile.

Okubuhlungu kakhulu uma sekuyisikhathi sokuba kuvotwe yibo laba bantu abangenazwi abenza isibalo esikhulu sabavoti. Uma uHulumeni esefuna ivoti labo uya kubona afune imibono yabo ngezinto ezithize ezibathintayo. Kepha njengamanje, kusengathi abaziwa nokuthi bake baba khona, imibono esebenzayo yileyo evuna abantu abasemazingeni athize. Ikhorona ithinte wonke umuntu kepha engikwaziyo ukuthi abantu abathinteke kakhulu yilabo abentulayo. Abanye babo ukuze badle bamukela izipho zokudla emasontweni aseduzane nabo. Uma amasonto esevaliwe ubani ozobanikeza lokho kudla noma lolo sizo. Ezinye izindlu zamasonto ziyaye zinikele ngezimpahla zokugqoka njalo uma kungena ubusika kuleyo mindeni entulayo noma ezindaweni ezigcina izintandane. Manje bufikile ubusika kunemibandela ebekiwe mayelana namasonto. Bonke laba abayenzile le migomo abazweli lutho ngoba banazo zoke izidingo zempilo. Impilo kubona isafana noma kade lekhorona ingakafiki, banokudla kanjalo banazo nezingubo zokwembatha. Kanti le khorona izoveza ukuthi ukungalingani kuyinto ebuhlungu kangaka! Kumele ngabe ngenkathi kwenziwa le migomo yekhovidi kubukiwe kwahlalwa phansi kwabhekwa ukuthi ngabe abantu abentulayo ukuze bathole izidingo kumele kwenziwenjani.

Amasonto amaningi abambe iqhaza ekusizeni abantu abentulayo ngokudla, amanye njalo uma kungena ubusika anikela ngezingubo ezifudumele kubantu abamhlwempu.

Mayelana nekhambi siyezwa imibiko engafani, ezinye izindaba zithi ekugcineni amanye amazwe aselitholile ikhambi lekhorona. Kepha gqwiqiqi siphinde futhi sizwe abezindaba bethi kusafanele silandele imigomo esibekelwe yona ngoba lesi sifo siyabulala njengoba ikhambi lingakatholakali. Uma ngikhumbula kahle kwabe kungunyaka we-1987, ngisafunda esikoleni, kwafika abahlengikazi bezosifundisa kabanzi ngesifo esihlasele ezweni lonke. Leso sifo esibizwa ngeNgculazi, babe zosiqwashisa kabanzi ngokubaluleka ngokulandela imigomo yaso ukuze sivikeleke thina nemindeni yethu. Ababekugcizelela kakhulu ukuthi siyathelelana, okungenzeka thina singabantwana sihlale nabantu emakhaya abavele sebenaso lesi sifo kodwa bengasitsheli. Kugcine kumele sibasize lapho sebebuthaka kakhulu, abezempilo babesiqwashisa ngokubaluleka ngokusebenzisa amagilavu uma ngabe kudingeka sibageze noma sibathinte ikakhulazi ukuvikela ngokuthelelana ngegazi. Ngikhuluma ngento eyenzeka eminyakeni engamashumi amathathu edlule. Kepha namanje abantu basafa bebulawa yilesi sifo seNgculazi.

Ngenkathi laba bantu bezempilo bezosiqwashisa mayelana nalolo bhubhane sabe singekho emakhaya kepha sabe sisekoleni. Manje-ke uma eminyakeni emingaka eseyadlula kepha kukhona izinkumbi zabantu ezisafa nanamhlanje zibulawa yiso lesi sifo. Kusukela kowe--1987 ezikhungweni zezempilo, ezemfundo nasemisebenzini, siyaye sibone izivikeli zaleli gciwane zibekiwe futhi zibhaliwe ukuthi azikho endalini ungathatha noma ngabe zingaki ngaphandle kwemibandela. Uma ngabe uHulumeni, abezempilo, ochwepheshe kanye nososayensi beyibona ukuthi iyingozi ngalolu hlobo le khorona manje kwenziwa yini izivikeli (izifonyo) zingatholwa mahhala na? Eminyakeni engamashumi amathathu nantathu edlule izivikeli zegciwane lengculazi zase zivele zitholalakala kuwona wonke umuntu mahhala. Namanje kusenjalo akukaze kume, ngoba ikhambi lokusiqeda lesi sifo alikatholakali. Manje lesi sifo sekhorona uma ngabe sibucayi ngalolu hlobo esibatshazwa ngalo pho kwenziwa yini izifonyo kumele abantu bazikhokhele? Kungabe iyona ndlela yokuba kubonakale ukuthi akulinganwa, noma iyona ndlela okwakhiwa ngawo imali ngabantu? Angiqondi okwangampela ukuthi yini kungabibikho izindawo lapho kuthiwa singazithola khona izifonyo ngaphandle kokuzikhokhela. Kuyacaca ukuthi leli gciwane lithelelana ngendlela enamandla okudlula igciwane leNgculazi ngoba ngenkathi iNgculazi ifika ezweni akubanga nokuvalwa kwamasonto noma kwemisebenzi noma imigomo yokuvalwa kwezikole kepha impilo yaqhubeka njengokwejwayelikile. Kepha uHumlumeni wenza ngokusemandleni akhe ukuba ulwazi mayelana nalesi sifo lufinyelele ngisho ezindaweni zasemakhaya ngokusebenzisa abazempilo kanjalo nokuthi lifakwe ezikoleni esifundweni sezempilo. Kungena ubusika manje, kuthiwa leli gciwane linamandla kakhulu uma lizwa ukubanda. Ngenxa yalama zinga abekiwe abantu abaningi basahlezi emakhaya abakavumeleki ukuba bahambe ngokuthanda kwabo.

Ukuhlala komuntu lapho evalelwe khona ngaphandle kolwazi olwanele mayelana nesifo kwalokho kumeza abesengcupheni yokuba atheleleke ngoba ithuba elincane ephuma endlini noma ngabe uya ezitolo uyothenga izinto azidingayo endlini kumele abe nolwazi ukuthi uma ephuma ngaphandle yini okumele ayiqaphele. Ukuvalelwa kwabantu ezindlini bese kuthiwa iyona ndlela ezokwenza ukuba baphephe, lelo akulona iqiniso nakancane. Akekho umuntu ongadli, noma ngabe uvalelwe endlini kuzophela ukudla kumele agcine ephumile. Ngenkathi ephuma uzobe eseludinga ulwazi olwanele ukuthi kumele ngabe uziphatha kanjani uma esengaphandle. Angiboni ukuthi ukuvalelwa kwabantu kuyisisombululo sale nkiyankiya esibhekene nayo okwamanje. Ulwazi yinto ebalulekile ukuba wonke umuntu ayithole, sonke siyaqonda ukuthi ukungazi isitha esikhulu somuntu kunoma ngabe yini okumele ngabe uyayazi.

Ngelinye ilanga la mazinga abekwe uHulumeni ayokwehla bese kudingeka ukuthi abantu baphume ezindlini bahlanganyele nabanye abantu. Abantu bayokujabulela kakhulu lokho ukuthi amazinga ehlile nokuthi sebeyakwazi ukuphuma bahambe noma bahlangenyele nabanye. Kepha lokho kuyobe kungasho ukuthi isifo siphelile. Lesi sifo siyezwa kwabezindaba ukuthi sisazobakhona nje isikhathi eside. Kuleso sikhathi eside esibalwayo kusamele abantu babe nolwazi ukuthi yini engababeka engcupheni okumele bayigweme ukuze bazigcine bephephile. Lesi sikhathi esikuso njengamanje ngisibona kuyiskhathi lapho abantu bevalwe imilomo ngemibono yabo mayelana nalolu bhubhane. Wonke amathemba abekwe ezandleni zochwepheshe, nabahlaziyi kanye nemibono yabo. Imibono noma uvo lwethu njengesizwe sizizwa sivaleleke ngaphandle kepha wonke amandla enikezwe abezindaba. Izifo ezithinta noma ezihlasela ukuphefumula akuzona izifo zamanje kepha nasemandulo zazikhona. Yingakho kwakuthiwa kukhona isifo samahlaba lapho umuntu uma esenaso agcine engasakwazi ukuphefumula kahle noma agcine esengazuthi ungenwa amakhaza nomkhuhlane. Abantu abadala ababephila ngaleso sikhathi kwakuba khona izindlela noma izaba abenza ngazo ukuze lowo muntu onalezo zimpawu agcine elaphekile kodwa ebe engayanga esibhedlela.

Uma ngalesi sikhathi sekhovidi siholwa ngabaholi abazi ukuthi imibono yabo kuphela okumele ilalelwe lokho kusinikeza ukukhathazeka nokuzibona siphucwa amalungelo ethu okuveza uvo silalelwe. Lesi sikhathi ilapho sidinga ukuzwelana nokwesekelana ukuze sikwazi ukuthi sibhekana nalolu bhubhane. Manje sizithola sikude kakhulu nokuveza uvo lwethu ngoba kwathuba lelo aliveli nakancane. Okumele sikwenze nje thina njengezakhamuzi ukuthi sithobele leyo mthetho yabaholi, noma ngabe siyabona ukuthi iyadinga ukuthi ibuyekezwe noma ihlolisiswe kepha siyogcina ngokuthatha ipeni nephepha sibhale. Uma kwenzekile kuyoba khona abayogcina ngokuthi bakwazi ukubona ukuthi thina sibona kanjani ngalolu bhubhane. Akubona bonke abantu abakwazi ukufunda noma abanesesasa lokufunda izinto ezibhaliwe. Abantu bajabulela ukulalela bese benza njengoba kushiwo ngaphandle kokubuka amacala onke, babheke ezinye izindlela ebezingasetshenziswa kunalezo esitshelwe zona. Ababhali kusukela ngoZibandlela wanyakenye baqalile ukubhala beveza imibono yabo ngalolu bhubhane. Okungithokozisayo-ke manje ukunikwa ithuba lokubhala ngolimi lweBele ngalesi sifo. Lokho kuzonikeza nabantu bendlu ensundu ukuba baphefumule baveze imizwa yabo. Nalabo abangakwazi ukufunda ezinye izilimi bazokwazi ukuthi bafunde-ke manje uma sekubhalwe ngoMageba. Uma abaholi bethu bengaqonda ukuthi akuthina sonke esingaba osopolitiki sibe sePhalamende, kepha lokho akusho ukuthi azikho izingcithabuchopho ngaphandle kwePhalamende abangalalela imibono yazo ukuze kubhekwane nalolu bhubhane.

Uma ngabe sizophila ngaphansi kwezinqumo ezibekwe ngabezempilo nabaholi belizwe lokho kuyohlale kunokunganeliseki kwizinqumo ezithathwayo. Yebo siyaqonda ukuba akuthina sonke esingaba nezwi noma esingaba novo ukuthi kumele kwenzekeni. Kepha le khovidi yenze kwacaca ukuthi baningi abantu abavaleleke ngaphandle, imibono yabo ebingawenza umehluko kulezi zinqumo ezibekiweyo. INingizimu Afrika ilizwe elinabantu bemikhakha ehlukene, abaneziqu ezahlukene zemfundo ephakeme. Abalwenzile ucwaningo ngemikhakha babhala kabanzi ngezimo ezithize ezinye zazo ezithinta isimo esifana nse nalesi esibhekene naso.

Umsebenzi wokuzicijisa

A. Imibuzo emifishane

1. Lavalwa thaqa, nini izwe laseNingizimu Afrika kwakungani?
2. Lwaqala kuliphi izwe lolu bhabhane?
3. Lwaqala kuliphi idolobha lolu bhabhane?
4. Bala izifo ezintathu eziyingozi kakhulu uma ungangenwa yikhovidi?
5. Imaphi amakhono avezwa amakholwa uma eya ezinkonzweni?
6. Umbhali wale ndaba uthi amakholwa awenzeni njengoba esavalelwe emakhaya?
7. Amakholwa iwahlukumeze kanjani le nto yomvalelwandlini?
8. Nika izinto ezintathu ezisemqoka okumele zenziwe ukuvikela kule sisifo ngokusho kwabezimpilo nohulumeni.
9. Chaza le nkulumo elandelayo.
   a. Ohlwini
   b. Ubhubhane
   c. Abasengcupheni
   d. Ukunxusa
   e. Ubudlelwano
   f. Indida
   g. Ukugodla
   h. Ukuqwashisa
   i. Ongoti
   j. Libhebhetheka

k. Imigomo

l. Uthimula

m. Simakade

n. Omakhelwane

10. Kukuphi ukushayisana kule ndaba?

11. Nikeza imicimbi emihlanu ebalulekile yamaZulu futhi uyichaze ngokuphelele.

12. Yiluphi usizo olwenziwe uhulumeni kubantu ngenkathi bebhekene nesimo esinzima sekhovidi?

13. Ake uveze okubili ukungathembeki okwenziwa yizisebenzi zikahulumeni ngalesi sikhathi somvalelwandlini?

14. Kungabe abezokuvikela bebehambisa izinto zokuvikela isizwe ngokomyalelo kahulumeni yini? Sekela impendulo yakho.

15. Leli lizwe langena ngaluphi usuku esigabeni sesine sekhovidi?

16. Abantu baseMzansi bese bethembele kuphi ukuthola ulwazi ngokuqhubekayo ezweni labo njengoba bebevalelwe ezindlini?

B. Imibuzo emide

Bhala ngokuphatheka kabi kwamakholwa ngesikhathi somvalelwandlini wekhorona. Bhala kube yi-eseyi ehleleke kahle ngokwezigaba ze-eseyi ejwayelekile. I-eseyi yakho ayibe ubude bamagama angama-300.

Ukufundisa *online* ngenxa yekhorona

Thokozile Sithole-Motloung

Saze sakubona sakubeletha yile sifo esingaziwa, kepha esesibizwa ngo-*covid 19*. Sifo ndini uphuma kuphi? Uthunyelwe ngubani kuleli lakithi lengabade? Lesi sifo silethe izinkinga kuwo wonke umuntu, ngikhuluma nje asisayi emakilasini ukuyofundisa, kodwa sivaleleke ezindlini, sibhekene namakhomphyutha sekuze kwanqundeka amehlo. Uthola sikhuluma sodwa njengezinhlanya, sibheke yona belu i-*laptop*, angithi phela siyafundisa khona lapha ku-*online teaching*.

Lokhu kufundisa kunzima kakhulu, angithi phela asinalwazi oluphelele lobuchwepheshe, njengoba besingazilungiselelanga, le khovidi isizumile. Manje le ndlela yokufundisa isisidalele enkulu ingcindezi. Sihlale sijeqeza njalo kuma-*laptop* ubheka ukuthi bathini abafundi noma abaphathi, nawe futhi uphendule lapho ngoba phela sekuyiyona ndlela yokuxhumana. Uhlale phansi umpongoloze kule *laptop* uzama ukuchaza le nto ozoyithumela kubafundi. Awazi noma bazokuqondisisa yini lokhu okushoyo, ngoba phela abekho phambi kwakho ukuthi babuze imibuzo. Abanye abakwazi nokufinyelela kwakuyo le nto ozama ukubafundisa yona ngenxa yezingqinamba esingakwazi ukuzinqoba.

Njengoba sengishilo ukuthi thina bafundisi sinezinkinga ngalo "*teach online*", nabafundi ngokunjalo baxakekile kakhulu, abanye abanolwazi lwalobu buchwepheshe, abanayo i-*data*, abanayo igajethi elungele lokhu, ngisho phela i*laptop*, simatifone, kanti ke ezinye nje izindawo azinayo sanhlobo i-inthanethi nogesi, manje-ke ziyime emthumeni kubafundi abanalezi zinkinga. Abanye sebeze balahle nethemba lokuthi bazoziqeda izifundo zabo.

Thina bafundisi siyaqhubeka ngapha, siyafundisa siyahlola, kubhalwa izivivinyo, simaka nama-asayimenti - sihamba nabahambayo, labo abangalena kwanj'ayiphume basele, bayakhala, bayaklewula, sizokwenzenjani? Abaphathi nohulumeni bayabathembisa abafundi ukubanika lezi zinsizakufunda, kodwa azifinyeleli kuwo wonke umfundi. Ziyashiyana ezifikayo, futhi azifiki ziphelele. Kwabanye zifika sekuphele amathemba. Lokho okuyinkinga enkulu. Impela isistimu ibenzela phansi labo abasadla imbuya ngothi. Abafundi bangaphansi kwengcindezi enkulu ukwedlula thina bafundisi. Yizinto ezifana nalezi ezenza abanye abafundi bagcine bethathe impilo yabo, ngoba bebona yonke iminyango ivaleka sebezabalaze kangaka.

Impela kunzima kakhulu abasele emuva ngezifundo zabo. Baphenduke umtshingo ubethwa ngubani. Yaze yasilaya i-*corona virus*, ngoba phela kuthiwa singasondelani, yikho-ke okwenza izikole zivalwe - kubalekelwa ukuthintana nokusondelana kwabantu. Ukhumbule nje ukuthi kukhona imindeni exakekile, engazi nokuthi ibhodwe lizoya yini eziko, manje kulaba abakuleso simo inkece yedatha izovelaphi?

Nazo lezi zemifundaze yoNFSAS noFundza lushaka, kanye nezinye eziningi, ziyacikiza uma kunje. Akukho nalapho bebika khona ngoba phela amahhovisi ezikhungo zemfundo ephakeme awavumeli muntu angene ngaphakathi, kuvele kubemnyama ntsu, kumfundi.

Kuyiqiniso elingephikiswe ukuthi ubuchwepheshe bufikile: 4th *Industrial Revolution*, kepha-ke ushintsho lunzima, futhi lubuhlungu kulabo abasuke bengaphakathi kulo. Ikakhulu labo abasuke bephambili kulo, sekuyobalula kwabeza ngemuva, ngoba indlela sizobe sesiyicabile ngegazi nemivimbo esiyitholile ukuze abezayo bakwazi ukuthi bavune izithelo zaleyo mbewu esiyitshalile.

Lapho kufike kubenzima kakhulu kithi abafundisa nge-*online*, ukuthi kunabafundi abangosomathuba, amaqili. Nabo belu abazibekile phansi. Kukhona namavila. Laba basebenzise wona lo mvalelwandlini ukufeza izinhloso zabo. Ubathola bethi abanamadatha, abanamasimatifoni, akuna inthanethi lapho behlala khona, kanti bahubhuza aluhlaza amanga, bafuna ukuvulelwa izivivinyo esezidlulile bezokwazi ukukopela, ngoba sebethole izimpendulo kwabanye, noma bafune ukuphiwa nje imiklomelo bengayisebenzelanga.

Phela iningi labafundi yizigebengu ezindala, ngeke ubathinte, osomaqhinga bamanga, abadlali uma sebefuna imaki lamahhala, bayateleka nokuteleka, babeke izaba nje kanti badinwe ukuthi imaki likadekle abalitholanga. Manje ugcina ungasazi ukuthi okhuluma iqiniso imuphi, kanti osiphethe ngamampunge imuphi, kugcina sezifa ngamvunye. Manje basho kahle ukuthi ubacabangelwe ngoba bangaphansi kwenkulu ingcindezi ye-*lockdown* enza bangakwazi nokuya kumakhefi ane-inthanethi njengoba bekhala ngokuthi abanayo emakhaya.

Kukhona nokuhle okuvelile kulokhu kufundisa *online*, njengentuthuko nje kwezobuchwepheshe. Impela abaningi bethu kukhona okuthile abakufundile: into ayibi yimbi ngakho konke, kubakhona okuthile okuvelayo okuba kuhle futhi kube usizo. Kuningi umuntu akufundile kulesi sikhathi, noma efunda ngezinyembezi, kodwa ulwazi siluzuzile. Ukufundisa ngama silayidi ufake izwi lakho uchaze isilayidi ngesilayidi, ukufundisa ukhuluma nabo abafundi ikilasi lonke noma ningabonani, o-*Zoom* noSkayiphi, sesifundile kubo lobo bumnyama. Nathi-ke ebesingenalo ulwazi olutheni ngalobu buchwepheshe, sesiyazama impela. Yilokho nje engingathi kube nomthelela omuhle, ngoba sesizokwazi ukuhlangabezana nalesi silwane esibizwa ngokuthi i-*4th industrial revolution*. Okunye-ke nje ukuthi uma unyaka uyozilahla kunina, abafundi bayobe beqhubekile nabo, badlulele ezigabeni ezilandelayo, abaqedayo baqede. Namaqili ayobe esedlondlobele ngobuchwepheshe bokukopela *online*.

Okunye-ke okuhle ukuthi uzithola usemaqenjini wo*Whatsapp* nabafundi, ngoba ufuna ukudlulisa ulwazi lwemojuli yakho. Abadeleli lapho abafundi baqhuba intwala ngewisa, bafaka noma yini kuwo lo *Whatsapp*. Yaze yasilaya le *teach online* nale *covid 19*. Ngiyakutshela wena ukuhlanganyela nabafundi ezinkundleni zokuxhumana akudlali, uzoyikhotha imbenge yomile. Iphutha elincane nje ngamamaki abo uzozwa kahle, sengathi wena wazi konke ngobuchwepheshe ngoba ungumfundisi.

Okusuke kubenzima kakhulu yilaba abacashayo, bangabhali nhlobo. Uzofaka izimemezelo zemisebenzi kuzo zonke izinkundla enixhumana kuzo, kodwa lutho ukunyakaza. Uyobafuna uze uthi tshiyo. Bathule sengathi bafile, kanti bacuthile, bafuna uze ubafakele amamaki wamahhala, ongazi ukuthi uzowathathaphi wena.

Uma sengiphetha, thina bantu abansundu iningi lethu alikakabi sezingeni lokuthi liphile ngobuchwepheshe impilo yabo yonke. Khona ngokuhamba kwesikhathi izinto zizohlangana. Lokhu ngikusho ngoba kusenezindawo okuphila khona abansundu ezingenagesi, angisayiphathi-ke eye-inthanethi ayaziwa. Sengathi nayo isalendela loluya hlelo lobandlulolo. Itholakala esilungwini kuphela. Lokhu kusho ukuthi kusekude lapho siyakhona. Baningi nje abafundi abazosala endleleni kulo nyaka ngenxa yalezi zidingonqangi ze-*teach online*. Amathemba nekusasa labo lishabalele okwamazolo ebona ilanga ngenxa yesimo sobuphofu, bese kuthi labo abadla izambane likapondo bayaphumelela nje kalula kuwo lo *teach online*. Manje sengathi lo *teach online* ugqugquzela ukungalingani ngendlela okwenzeka ngayo.

U-*Teach online* lona usifakele enkulu ingcindezi lena, wenze saze sangathanda nomsebenzi wethu owubizo lwethu. Bonke lobu bunzima budalwe yilolu bhubhane lwesifo i-*covid 19*. Ngenelela Mvelinqangi, nali libhubha silibhekile.

Umsebenzi wokuzicijisa

A. Imibuzo emifishane

1. Kusho ukuthini ukufunda '*online*'?
2. Ngobani abanolwazi oluthe thuthu, ngobuchwepheshe phakathi kwabafundi nabafundisi?
3. Yisiphi lesi simo esiphoqe ukuthi kufundwe *online*?
4. Kungabe bonke abafundi bayayithokozela le nqubo ye-*online*? Sekela umbono wakho ngokucaphuna endabeni.
5. Veza ububi bokufunda *online* ngokusho kombhali wale ndaba.
6. Ake unike incazelo yale nkulumo.
   a. Ukumpongoloza
   b. Igajethi
   c. Ziyim'emthumeni
   d. Ukudla imbuya ngothi
   e. Ukucaba indlela
   f. Amampunge
   g. Delela
   h. Ugqugquzela
   i. Ngenelela
   j. Izidingonqangi
7. Ngabe le ndaba elandwa lapha iwuhlobo luphi lwe-eseyi? Sekela impendulo yakho.
8. Yisiphi isifundo osithole kule ndaba? Sekele impendulo yakho.
9. Kungabe ukufunda *online* kugqugquzelani?

10. Ake uveze okuhle okuzuzwe abafundi nabafundisi kule nqubo yokufunda *online*?

11. Kungani umbhali wale ndaba ekhala ngokuthi abafundi abathembekile?

12. Kungani abafundisi bezithola bekhuluma bodwa nama-*laptop* abo?

13. Yisiphi lesi sikhathi esilethe ukusetshenziswa kobuchwepheshe?

14. Uthini umbono wakho ngalolu hlelo lokufunda *online*? Kungabe isizwe sesilulungele lolu hlelo? Chaza kafishane.

15. Uma ufunda isigaba lokuqala sendaba, kuyacaca ukuthi ukufundisa ngaphansi kwemigomo yekhorona kunzima kakhulu. Balula izinto ezinhlanu ezenza kube nzima.

16. Esigabeni sokugcina, isiphi isifiso sombhali ngobunzima obudalwe yikhorona?

17. Umbhali ukhala ngokuthi ukuzikhunga, ukungenela i-*Whatsapp* nabafundi, niphendulane nabo ngoba kukhona abadelela abafundisi babo. Ngaphandle kwabadelelayo, kukhona izinhlobo ezintathu zafundi ezihlupha kakhulu. Zibhale.

18. Isiphi isisho/isaga esisetshenziswa ngumbhali ukuchaza ukudelela kakhulu kwabafundi abajoyine i-*Whatsapp*?

19. Bhala okuhle abafundisi abakufundile ngokufundisa nge-*online* ngaphansi kwemigomo yekhorona.

20. Ngabe abafundi bayathanda yini ukufundiswa nge-*online*? Chaza.

B. Imibuzo emide

Bhala enye yala ma-eseyi. Bhala kube yi-eseyi ehleleke kahle ngokwezigaba ze-eseyi ejwayelekile. I-eseyi yakho ayibe ubude bamagama angama-300.

1) Bhala i-eseyi ngobunzima bokufundisa nge-*online*.
2) Bhala i-eseyi ngezinkinga abafundi be *online learning* abahlangabezana nazo.

Inkokhelo yesono

Anele Maphumulo

Ngiphaphame. Ngithi ukuqalaqalaza. Zonke iziboshwa zisalele. Ilowo nalowo ulele buqamama nomunye. Ngiqaphele ukuthi kusasempondo zankomo. Yize bengilele kodwa bengilele obenyoni. Uma ngibheka isikhathi ewashini olusobondeni, ngibone ukuthi kuyogamanxa ihora lesithupha. Kuthulekile ngisho emnyango. Amatekisi awawubangi umsindo njengemihla yonke. Kuthe khuhle! la kimi. Yimi lowaya ngiqalaza ngewindi ukubheka isimo sezulu ukuthi ngabe sinjani namhlanje. Ngikhangwe amasosha aphethe izinhlokohlela zezibhamu. Wonke afake izimfonyo ezimhlophe. Ibuye kimi ingqondo ukuthi konje usuku lukathaqa i-*lockdown* izwe lonke. Ngisho emadala judeni ayikaze yenzeke into enjena. Kwakuqinisiwe impela ukuthi ngezikhathi zokugcina kuyokwenzeka izinto ezingaqondakali. Seliyaphela ngempela elikaMthaniya. Abantu bebeyithatha kancane le nto, kodwa manje kusobala ukuthi ishubile. Engingayazi-ke eyethu thina esivalelwe ngaphakathi ejele. Engabe izomiswa kanjani indaba yethu? Bazovuma yini ukusondela kithina, noma umuntu useyofela khona lana? Yeka okwami mina, njengoba ngingenaye ngisho ufakazi. Kodwa yaze yasenza indaba ikhorona.

Zihambe izinsuku luze lufike usuku lokuthethwa kwecala lami. Lolu suku lufika nje anginaye ngisho ummeli kaHulumeni. Ngokwazi kwami, akekho omunye umuntu owazi iqiniso ngaphandle kwami. Lokhu kungenza ngingasiboni nesidingo sokumelwa. Angizange ngivunyelwe ngisho ukufaka isicelo sebheyili ngoba kuthiwa icala lami libucayi. Sekuphele amasonto amathathu onke ngivalelwe lapha lingathethwa icala. Belilokhu lihlehliswa ngenxa yobufakazi obungahlangani. Kudela owaziyoke ukuthi sebuhlangene yini lobo bufakazi. Sekuyozwakala khona. Kwangimangaza kwamina ukuthi ngithi ngididekile ngokulahleka kukaThandokazi, kodwa ngaba umsolwa ngokulahleka kwakhe.

Ucingo lwami ngase ngihlezi ngiluqaphe ngelokhozi. Phela ngase ngiyisesezele kwabaningi indaba yokulahleka kwakhe Thandokazi. Kodwa wayengekho ovelayo nolwazi. Ngase ngizamile nokugxumeka izithombe zakhe lapha ezindongeni zomgwaqo wonke u-R74 nase dolobheni laKwaDukuza, ngicela ukufuniswa yena, kodwa engekho owayevela nomkhondo. Ngasenginokwesabela ukuthi kungenzeka ukuthi uThandokazi wami wathunjwa. Ziningi impela izinto ezenzeka kule zinsuku zikushiye unkemile. Ngapha isifo sekhorona sidla silaza, sidle fumuka. Insambatheka inkosi impela ngoba ukube ngingaphandle, ngabe ngizithungathela mina uThandokazi. Bengizokwenza kanjani nje njengoba singavumelekile ukuphithizela ngaphandle? Okungikhathaza kakhulu ukuthi engabe la ekhona nje uvikelekile yini kulolu bhubhane njengoba ewumuntu onesifo sofuba nje. Phela abezeMpilo bathi le khorona imandla kakhulu kulabo abanezifo ezithile abaphila nazo.

Nakulezi zinsuku kudume indaba yamaqembu emigulukudu entshontsha abantu, angeke siqonde okuyikho. Kwase kubikwe izigameko eziningana emaphephandabeni, emisakazweni kanye nakomabonakude zokuntshontshwa abantu. Zonke lezi zigigaba zibandakanya le migulukudu. Okungenza ngithuke kakhulu ukuthi ezinsukwini ezimbalwa bekunezigameko eziningi kakhulu zabantu besifazane abalahlekayo bangaphinde batholakale. Ngangineliseka ngokuthi ngangizibuka nezindaba ukuze ngithole ukukhululeka, ngibone ukuthi akusiye uThandokazi wami.

Mina noThandokazi sazana eminyakeni eyisishiyagalombili edlule. Sahlangana enkomfeni yosomabhizinisi oyayibanjelwe eMandeni. Njengobuhle bobukhwebezane buqhakazile, inhliziyo yami yakhangwa ubuhle balona wesifazane owayelokhu ebhale njalo ephepheni lakhe elincanyana ngenkathi kukhulunywa. Wawumbona ukuthi uyazi kahle into ayizela laphana. Kwakungakapheleli-ke kimi ukukhangwa ubuhle bakhe. Ngazisondeza kuye ngenhloso yokuzwa umoya wakhe. Ngangingazi-ke ukuthi kanti uthando lwakheka ngomzuzwana nje. Angifunanga ukumthululela engangikuzwa enhlizweni yami ngaleso sikhathi. Ngangisabela ukuthi wayezongithatha njengeqola, kwazise kwakuwusuku lwami lokuqala ngimubona. Kodwa-ke inhliziyo yayiconsa amathe.

"Igama lami uMbekezeli," ngizethule kuye. Le nkomfa yona impela isiphathele okuningi okuzosisiza kakhulu," kusho mina ngihlala eduze kwakhe. Angaphenduli. "Noma nje sebekhulume kakhulu kunzima ukubamba konke." Ngiyazincengela manje ukuthi avule umlomo, angikhulumise. Wathula. "Ngabe nawe nkosazane enhle kuhle kwezihlabathi kwezilwandle ungusomabhizinisi?" Wavele wahleka uThandokazi, wangaphendula. Yaqhubeka inkomfa. Ngahluleka ukuzibamba, ngadlulisa ibhukwana lami engibhala kulo izinombolo zabantu. Wavele wafunda kwezakhe ukuthi ngicela inombolo.

"Ngiyakucela nkosazane enhle, ngiphe inombolo yakho." Waba nokungqikaza uThandokazi. Ngacela futhi. Ngenhlanhla wagcina enginikezile inombolo yakhe. Ngenkathi enginikeza, wangizitshela ukuthi kungenzeka ngifune ukuthi sixhumane, sicobelelane ngolwazi lwezamabhizinisi uma isiphemile inkomfa. Ngathi uma ngimazisa ukuthi sengivele nginalo ibhizinisi, wahlabeka umxhwele. Phela yena kwakuseyiphupho kuye ukuba nebhizinisi, kwazise wayesafunda, esenza unyaka wokugcina enyuvesi.

Saphinde sabonana futhi ngosuku owawugoqwa ngalo umhlangano. Savalelisana-ke, sathembisana ukuthi sasesizoxhumana ngazo izingcingo. Ngahamba, ngabuyela kwelakithi kwaMaphumulo eMbitane, kodwa inhliziyo yami yasala eMandeni kuThandokazi. Sasingasuki engqondweni yami isithombe sakhe. Kunokuthi sisuke, kwakungathi silokhu siphindaphindeka. Ngahluleka ukubekezela. Yimi lowaya ngiya ebhukwini lami engibhala kulo izinombolo zabantu. Pheqe, pheqe, memfu ekhasini eligoqiwe. Ngalivula. Nebala ngasheshe ngayibona inombolo kaThandokazi eyayibhalwe ngokugqamile nangebunono. Ngayishayela. Lwakhala kaningana ucingo lungabanjwa. Emva kwemizuzwana wabuyela kimi ngomqhafazo.

"Hello..., hello."

"Nkosazane emhlophe, singakhuluma?"

"Ngicela ubuye ungishayele, ngisasebhizi."

Wacisha ucingo ngokushesha. Wayengazisa ukuthi usasekilasini ngakho-ke akakwazi ukubamba ucingo. Wangithembisa ukuthi wayezobuyela kimi uma ethola isikhathi. Ngahlala, ngalinda. Ngaleso sikhathi inhliziyo yami yayisilobiza, ilobizela ukukhuluma naye. Kimina kwakuyisibusiso ukuhlangana noThandokazi. Phela kuletha ithemba ukuhlangana nomuntu wesifazane onamaphupho afana ncimishi nawakho. Lokho nje kukodwa yikhona okwakumenza afaneleke enhliziyweni yami, kumnike indawo kuyo.

Esebuyela kimi ngocingo, waxolisa, wathi bekumphoqa ukuthi angalubambi. Lokho kuzithoba kwakhe nje kukodwa kwaqhubeka kwanweba indawo yakhe enhliziyweni yami. Kwayenza yamnene inhliziyo yami uma ngicabanga ngaye. Saxoxa-ke, sichushisana ngempilo, ikakhulu emkhakheni wezamabhizinisi. Njengembuzi, ngangigudla iguma. Nokho lokhu kwakuzongisiza, phela ukuze uyibambe inkukhu, kuye kudingeke ukuthi uyiphonsele umgqakazo. Ngagcina ngimvulelile-ke isifuba sami. Ukwazana kwethu kwavele kwakhula ngesivinini esikhulu. Kwangithokozisa-ke nokwazi ukuthi kanti inkaba yakhe ila enqulwini, eKranskop. EThekwini khona wayezinziswe ukufunda. Sasondelana kakhulu ngonyaka olandelayo. Wayeseziphothulile iziqu zakhe zasenyuvesi. Wangibikela-ke ngobunzima abhekana nabo bokungawutholi umsebenzi ngalowo nyaka. Ngazama ukumbonisa amanye amacebo ayengawazama, kodwa kwamane kwazifanela nje.

Wayengenalo ulwazi olwanele mayelana nezamabhizinisi, kwazise enNyuvesi wayenze iziqu zobuchwepheshe obumayelana nezokuxhumana.

Kunokuthi iqhubeke impilo yakhe, kwaba sengathi ibuyela emuva. Saxoxisana naye ngokuthi kungamlungela ukuthi abuyele enyuvesi ayokwenza umunxa othinta zona ezamabhizinisi ukuze azongena agxile kulo mkhakha. Wakhala ngemali yokufunda ngoba wayengesenabo abazali. Sagcina sivumelene ngokuthi yimi engangizothwala zonke izindleko zokufunda kwakhe. Sabonisana sobabili ukuthi kungakuhle uma ezofunda oNgoye ngoba kuseduze, futhi azimbi eqolo nezindleko zokuya khona. Kwakuzoba lula kimina ukuthi ngimhambise khona ngemoto noma ngimhambisele ukudla. Sakhetha ukuthi ahlale emqashweni ngoba indawo engihlala kuyo ihlezi inesiphithiphithi ngenxa yesitolo esiseduze. Indawo enjengalena yabe ingeke imfanele umfundi.

Ngesikhathi ematasatasa uThandokazi ebhalisa oNgoye, mina ngangimatasa ngithungatha umqasho ongcono nophephile olungele ukuhlala yena. Ngasheshe ngawuthola. Ngaxoxisana nomnikazi wawo. Sakhokhelana izinkomo, ukuze ungabe usathathwa umuntu. Ngakuqinisekisa ukuthi ozohlala khona nokuthi uzofika ngempelasonto elandelayo.

Okwangithokozisa empilweni yami kulobu buhlobo bethu, kuthi yize ngangingakaqedi ukumlobola uThandokazi, kodwa omalume bakhe banginikeza igunya lokuba naye noma yingasiphi isikhathi. Ngangikwenza umthwalo wami ukuqinisekisa ukuthi uThandokazi akasokoli nakancane enyuvesi. Konke okuthinta izifundo zakhe ngangimenzela khona ngokushesha okukhulu. Nganginethemba lokuthi uzothi angaqeda, bese eyabuya ukuze mina naye sizosebenzisana ebhizinisini lami. Wayebuya njalo ngezimpelasonto uma kwenzekile wangaba matasa ngomsebenzi wezifundo. Nami uma ngithola ithuba, ngangihamba ngiyomvakashela emqashweni noma ngimshayele ucingo.

"*Knock-knock*", uNdosi ungqongqoza endlini kaThandokazi ngezikhathi zase kuseni kakhulu.

"Yima kancane baba ngithole engizozimboza ngayo umzimba." Kwaphela umzuzwana wabe esevula isicabha uThandokazi. "Usengangena baba."

"Ayi ntombi ngizoma lapha emnyango ngoba angihleli." Agwinye amathe uNdosi. Ushawa uvalo ukuthi le ndaba uzoyibeka kanjani. Kumumangaze-ke nokho lokhu uThandokazi ngoba uNdosi akasiye umuntu ongena ezindlini zabaqashi.

"Eh… ntombi, ngaphandle kokupholisa amasekho. Benginomcabango lana. Njengoba ubona nje ukuthi isimo sempilo asimile kahle ngenxa yekhorona, kunganjani mhlampe ntombi ngikuphe okuyitohwana nje.

"Awu! Udlala ngami Ndosi ngoba wazi nje ukuthi mina ngisewumfundi, akukho okungako engikwaziyo emabhizinisi."

"Kanti-ke ntombi kuwubala nje. Akudingi nokuthi ukufundele, ukuthi usebenzise umqondo nje qha! Konke kozobe sekuyalunga."

123

Ahleke kancane uThandokazi, kodwa kubonakala ukuthi udidekile.

Wabe esemulandisa uNdosi mayelana netohwana angase amuphe lona. Yize nokho uThandokazi le ndaba waba engayizwisi kahle. Waba umuntu osazoyifakela izibuko

Kwahamba isikhathi uMbekezeli waqala waba nokumangala ukuthi kwanele kwasuka isidumo mayelana nekhorona uThandokazi waqala wabika izaba uma kumele abuye eze ekhaya.Wagcina esethi kungcono yena avaleleke ngala engakhona kunokuthi abuyele ekhaya. Isizathu sokuthi wayesecabanga ukuhlala ngoba wase ecabanga ukulithanda icebo likaNdosi yize wayesaba nje.

Ngaqala ngokuthi ngingamtholi ocingweni uma ngimshayela. Angizange ngikugqize qakala lokhu ngoba ngangazi ukuthi kuyenzeka umuntu angatholakali ocingweni. Ngaze ngaqala ukuqaphelisisa ngesikhathi sengiphinda ngimshayela futhi. Nakulokho angizange ngimthole. Kunokuthi ngithole yena ngangiphendulwa wumlungu owayengicela ukuthi ngishiye umlayezo. Kusukela ngaleso sikhathi umoya wami awuzange ukuthole ukuphumula. Kuningi okwakungenzeka esikhathini samanje. Emqondweni wami kwafika ukuthi mhlampe ubanjwe ukugula eyedwa. Umcabango owalandela lapho ukuthi akukho okunye ngaphandle kokuphikelela khona emqashweni wakhe. Elisuka muva likholwa izagila. Ngafika khona kukhala ibhungane.

UNdosi kwabe kungumasitende kaThandokazi. UNdosi naye wayengatholakali kalula ocingweni ngoba wabe engomunye wosomabhizinisi abathengisa izidakamizwa. Wayekhala ngokungahambi kahle kwebhizinisi. Wayezama zonke izindlela angathengisa ngazo ukuze ikati lingalali eziko. Ngabe sengixhumane naye uNdosi, walandula, wathi uThandokazi sekunesikhathi amgcina. Waqhubeka engilandisa ngale ndaba yokunyamalala kukaThandokazi, wangitshela ukuthi uThandokazi wayemgcine emasontweni nje amabili adlule. Kuthiwa wanele wakhokha imali yokuphela kwenyanga maqede wathatha amasakana akhe, waphuma wahamba. Kwaqala lapho ukusa ngokunye kimi. Kakade phela kuthiwa utshani obulele buvuswa ngomlilo. Yize wawufika kimi umcabango wokuthi kungenzeka ukuthi uThandokazi uvele wagoduka waya ekhaya kubo, kodwa ngawuziba. Phela sasingaxabene. Pho yini eyayingamenza agoduke ngaphandle kokungazisa?

Ngakuqinisekisa-ke ukuthi uThandokazi akekho ekhaya kubo ngenkathi ngishayelwa umalume wakhe ucingo. Njengenjwayelo, umalume wakhe wayefuna ukuzwa impilo ngoba impilo icikizela nje kule zinsuku. Ukungibuza kwakhe ukuthi uyaphila yini umshana wakhe yikhona okwangenza ngafunda kwezami ukuthi uThandokazi akekho ekhaya kubo. Angizange ngikuveze nami ukuthi angimazi ngaleso sikhathi. Ngavele ngathi uyaphila. Ngase ngisabela ukuthi ngizobabhekelwa ubani nje omalume bakhe ngalolu daba lokunyamalala kwakhe. Phela yibona kuphela abantu ayesesele nabo, abathathwa ngengabazali bakhe.

Ikhanda lami laliduma ngingazi nokuthi uma kusa ngizophuma ngibheke kuphi. Ngisadunyelwa kanjalo ngezwa ucingo lwami luqanqalaza la engilushiye khona. Ngaphuma ngaphuthuma kulona. Ngumalume kaThandokazi lo owayengishayela, uSiphikeleli. Kwangimangaza nje ukuthi usephinda uyangishayela futhi ekubeni besikade sikhuluma ezinsukwini ezedlule. Ngavele ngazitshela ukuthi sekukhona akwaziyo mayelana nokunyamalala kuka Thandokazi. Nganqikaza ukulubamba ucingo. Lwakhala lwaze lwazithulela. Akazange aphele mandla. Waphikelela. Kulokho-ke ngalubamba.

"Yeb... yebo, malume. Ung…, ungixolele ngokungasheshi ngiphendule. Into nje bengisematasa."

"Hhayi! Kanti akuhluphi wena mshana ngoba sengikutholile. Injani kodwa impilo kulesi sikhathi esinzima kangaka?"

"Ayi iyaqhubeka malume khona okungatheni nje…" ngizikhuze sengifuna ukuqhumbusa leli thumba.

"Lalela-ke mshana. Ngilapha kwaDukuza, kwa-Labour, ngizobhalisela i-UIF. Njengoba umsebenzi ungiphelele nje, kunezinye izimali okumele zingiphumele. Ngeshwa-ke mshana wami bangijikisile, bathi angibuye kusasa ekuseni ngenxa yokusebenza kwabantu abambalwa nokugcwala futhi. Ngiyabona akuvukekanga. Bengithi ngizoba owokuqala esicabheni, kanti ngishaye phansi . Anginayo-ke imali yokwehla ngenyuka, mshana. Yingakho ngithinta wena ukuze ungiphe indawo yokufihla ikhanda namhlanje." Kwavele kwaduma ikhanda kimi.

Ngangazi ukuthi ngizoyithini-ke le eyamanzi ayesefuna ukungena endlini.

"Mhlampe umalume bengingamnikeza imali yokubuyela ekhaya? Vele kusasekuseni."

"Hhayi! Kanti ungazikhathazi nje wena mshana ngokulokhu ukhipha izimali. Iyamosha leyo nto, ivele nemali ingekho nje. Nginike nje wena indawo yokulala. Kanti futhi ngizosuke ngingazitholi izimoto uma ngivukela ngoba zihamba ngesikhathi nje ngehora leshumi ekuseni, bese ziyaphela, zize ziphinde ziqale ngelesine ntambama. Mina ngingabe ngisayaphi-ke ngaleyo nkathi. Kanti ke hhowu! bekuyini ukuthi nami ngike ngibone umuzi wengane kadadewethu madoda. Unjani kodwa yena, uyaphila, uphi?" Ngashwashwatha, ngangazi ukuthi ngizophendula ngithini.

"U…uyaphila malume… Umalume yena ukuphi njengamanje?" Ngizama ukuziba le nto ayibuzayo.

"Ngilapha edolobheni, mshana." kuphendula yena.

Kwavele kwangaba bikho ukujikela emuva kwendlu. "Kulungile malume. Umalume akangilinde nje isikhashana ngizobe sengilapho masinyane." Ukuqamba amanga kwakungeke kusangisiza. Noma iqiniso lalimuncu kodwa ekugcineni kwakumele umalume alazi. Ukuthi lalizofika kanjani-ke kuye ngase ngizozwa ngaye. Akusizi phela ukufihla into esazozivelela ngokwayo. Nencwadi eyingcwele iyakufakazela lokhu.

Ngathatha imoto, ngaphuma ukuyomlanda. Nakhona ngihamba ngokwesaba ngoba amasosha agcwele izinkalo, abheke abaphithizela emgwaqweni. Ngamfica esevele engilindile egalaji lika phethiloli njengokomyalelo wakhe. Noma kwasekunesikhathi eside ngamgcina, kodwa ngashesha ukumbona. Uma wazi uThandokazi pho yena wayengakudida kanjani? Ulishiyile igabade. Wondlekile. Ushaya ngamadevu acijile. Yize ibala lakhe lingafani ncimishi nelika Thandokaz,i kodwa ikhona inswebu.

"Hhawu! Washesha ngempela mshana. Amasosha amisa izimoto ezingazi zilibangesephi awekho ngala kwesenu? Kodwa angisabethembi phela abantu bezimoto. Ngesinye isikhathi uye athi umuntu useduze kanti uhubhuza olukabhejane." Ekhuluma ngenkathi engena emotweni.

"Ayi, kuseduze kwaMaphumulo malume uma uza la edolobheni, ikakhulukazi uma uhamba ngemoto. Futhi bengiphangisa phela, ngisaba bona abakasidlodlo." Ngangikhuluma ngijikisa imoto ingena ngomqwaqo ophindela emuva.

Wala waphetha nalapho ngithi ngizomhambisa mina mathupha ngemoto yami. Kwala ngisho sengimthembisa ukuthi ngizomlanda ekuseni. Wavele wama ngelokuthi usafuna ukubona umuzi womntwana kadadewabo, angaze afe engambonanga! Yilelo angehlula ngalo. Ngathula ngoba wayesengaze abone ukuthi kukhona engimfihlela khona. Sazithamunda zonke, sibuzana impilo nokunye. Sixoxa nje mina ngikude ngemicabango. Phela ngangazi kahle ukuthi kuzochitheka igula elinamasi uma sifika ekhaya engamboni umshana wakhe, nokwenza emthanda kangaka! Ngithuke sengicishe ngishayisa imoto engiyilandelayo lapho sisondela ngasesitolo eZulu-Pot. Kwasiza khona ukuthi yayingadli amagalane, ngayibamba. Sesifikile ekhaya ngamenzela itiye. Njengomuntu omdala kwakumfanele ukuthi useyalidinga. Ngenza itiye nje ngiyathatha ngiyabeka ngengqondo. Ngidla amathambo ekhanda. Ngicubungula amacebo nobuchule engizoyibeka ngabo le ndaba kule ndoda. Noma ngihamba nje, sengiyazihudula.

"Mameshane! AmaHlase yini? Ngenzelwa nguwe itiye! Kanti uphi umshana?" ebuza ngesankahlu kimi ngenkathi ngiqiqinga ithileyi ngiza kuye. Ngihlale kusofa, ngizothe. Usalokhu ehlahle amehlo. "Khuluma! Uphi?" Omunye umcabango wawuthi angivele ngithi uThandokazi usesikoleni uxinwe wumsebenzi wesikole kodwa uzobuza athi yisiphi leso sikole ngoba zivaliwe nje, omunye wawuthi angikhulume iqiniso. Yangqubuzana imicabango kimi, kwaba khona ophumelelayo ekugcineni. Ngamzekela yonke indaba njengoba injalo. Wasukuma

"Pho wase uyathula wangasibikela thina! Hhe? Ukwenzelani lokho?"

"Bengilokhu nginethemba lokuthi uzobuya masinyane uThandokazi malume. Bengisazonibikela. Into nje bengisafuna ukuzenelisa ngokumthungatha. Bengibona sengathi ngizobe nginithwesa ijoka eningahlangene nalo nelingaphezu kwamandla enu." Ngikhuluma nje ngehlise ngoba umoya wakhe wawuphezulu.

129

"Oh…oho! Konje ninjalo phela nina bantu abafundile! Nifaka imfundo nala engangeni khona. Niphambanisa izinto nithi benisafuna ukuzanelisa! Isho-ke, usuzanelisile noma awukazenelisi?"

"Yobe malume. Ayidle izishiyele Hlase. Lixhoshwa libhekile."

Wayesethukuthele egane unwabu, ethelwa ngezibonkolo. Kwalelo tiye akazange alithinte nakancane. Kwasheshe kwangicacela ukuthi la ngihlangene nezimbila zithutha ziholwa emhlophe phambili. Azulazule lapha endlini. Useyajuluka nokujuluka. Iyamnenga le ndaba.

"Yeyi nansi imihlola madoda! Uzinelisa kanjani ngomuntu odukile? Uyazi wena kufanele ngabe awulali nhlobo! Ukube nginguwe ngabe angilali ubusuku nemini ngimthungatha noma vele uyamazi la ekhona?"

"Malume, ayi ngoba ngizindela ngendaba kaThandokazi. Sengiyile nakwababonayo nabo abangitsheli into eqondile. Engigcine kuye nje ungitshele ukuthi uThandokazi uyaphila la ekhona, into nje akafanelwe wukubonwa inoma ubani. Okungenze ngangamkholwa yilokhu kokuthi athi ubona amanzi amnyama azungeze uThandokazi. Uthe okwenza angatholakali wukuthi lawo manzi ayingozi. Akubanga lula-ke ukumkholwa ngoba iningi labo manje seladla imbumba." Kwakusho mina ngizama ukubhula lo mlilo wequbula owawususha ubuhanguhangu usho ukungihangula. Kwavele kwafana nokuthi ngithela amanzi emhlane wedada.

130

"Uyabona sengikhathele ukulokhu ungibelesela ngale ndaba, mfana! Izindaba eziningi mina angizifuni! Into engiyifunayo nje umshana wami! Ithi-ke ngikutshele," asondele eduze kwami. "Ngimfuna ephila phi! Uyezwa na? Ngoba uma kungenjalo, uzowukhomba umuzi onotshwala wena!" Kubande kwamancane kimi uma esho njalo. Isho ukungeqa ingebhe. Nangu umuntu ezongisongela emzini wami. Aphumele emnyango. Aphuthaze umentshisi emakhukhwini. Adonse umndweza. Okhele. Awuphafuze. Ulokhu enxaphe njalo.

"Wo hhe! Thandokazi ukuba uyazi ukuthi ngisotakwini olunjani mntakwethu ngabe uyaziveza la ukhona uma usaphila," kusho mina ngenhliziyo. Izinyembezi zase ziziqathakela nje kimi, zichitheka okwemvula yomvimbi ehlobo. Ithemba lami lokugcina engase ngisele nalo kwakuwumthandazo. Akukho vele okwakungisizile kukho konke engase ngikuzamile. "Mhlawumbe wona uzongisiza. Okubi nje wukuthi sengiwukhumbula ngesikhathi esinzima. Kanti sihlezi sitshelwa ngokubaluleka kwawo ngezikhathi zonke. Mhlawumbe konakala nje ingoba angizange ngiyibike kuMdali le ndaba kwasekuqaleni." Ngingapholisi maseko. Ngishone ekamelweni lami. Ngizivalele khona. Ngiye phansi ngedolo, ngomoya nangenhliziyo ngiye phezulu. Ngizithobe kongabonwayo. Ngimnxuse. Ngase ngithandaza ngoba ngibambe elentulo elithi ongabonwayo akabheki okuningi, kodwa ubheka inhliziyo yomuntu kuphela.

Ngiphume ekamelweni. Naye umalume abuye phandle eseqedile ukubhema.

"Uyazi usuyangibuyela umqondo. Angimangali ukuthi kungani wena mfana uzithela ngabandayo ngalolu daba. Uqambe ushilo-ke mfana! Ngiyawubona lo mqondo olele kuwo! Ngiyabazi phela osomabhizinisi ukuthi bakhohlakele. Ungathola ukuthi umshana wami nje nguwe owa…" aphazamiseke ngoba nakhu sekukhala ucingo lwami lapha phezu kwe-*coffee table*. Ishaye ngamandla inhliziyo yami lapho ngibona ebusweni bocingo kubhalwe igama likaNdosi. Ngilubambe.

"Yeb… yebo, baba…"

"Kunjani Mbekezeli? Uyatholakala kodwa umkhondo kamakoti?" kubuza uNdosi.

"Phinde baba. Ngikhuluma nje ngilungiselela ukuphuma inqina. Yize ngingazi nje ukuthi ngizophuma ngibheke kuphi nezwe."

"Mmmm! Kwakubi-ke ndodana. Kodwa ake uthi qu, ngapha uma unaso isikhathi. Sike sinikele laphaya esibhedlela. Ngizwe ngandlebenye kuthiwa induna yesigodi saseNdondwane ibikade imemezela ngokutholwa kwesidumbu sowesifazane otholwe ehlathini eseshonile namhlanje ekuseni. Isidumbu sakhe sigcinwe emakhazeni kaHulumeni laphaya eNgwelezane kuze kube ukuthi umndeni wakhe uyasihlonza. Abantu bendawo bonke bayalandula. Akekho omaziyo. Nginele ngezwa lesi sigameko, ngavele ngagqanyelwa nguwe-ke ndodana." kwakusho uNdosi.

Umoya wami wavele washona phansi. "Ngizophuthuma impela baba. Kungekudala nje ngizobe sengilapho," kusho mina ngivala ucingo. Ngingakhombisi ukuthi iyangidina le nto ebefuna ukuyisho umalume kaThandokazi. Khona sekuthiwa ngikhohlakele nje sengingaze ngisoconge lo oyithemba lami? Kanti ukuba usomabhizinisi kwenza umuntu abe umsolwa, abhecwe ngobende noma inyama engayidlanga? Ngamtshela-ke umalume ngalokhu engangisanda kukuzwa ngoNdosi. Wagwajaza. Ngamshiya ehleli kanjalo. Ngadonsa isilamba sami masinya, ngadonsa nesimfonyo. Ngigqoka nje ingqondo yami ayisekho la. Isijubalala emihubheni yaseNgwelezane. "Kodwa ngizoba yini uma kunguye ngempela uThandokazi? Sengithandazela ukuthi ngingatholi isiminyaminya emgwaqeni ukuze ngisheshe ngifike edolobheni. Eyi wangisiza uNdosi madoda. Kazi iyozala nkomoni." Ngithe ngiqeda nje ukungena emotweni, ngivula umsakazo ngenkathi kungena izindaba zokubumbana kwehora leshumi. Umsakazi abike udaba oluhamba phambili oluthi, "Umndeni wesisulu sowesifazane okusolwa kuso ukusoconga, ugcine ususihlonzile isidumbu ebesigcinwe emakhazeni kaHulumeni eNgwelezane ngemva kokutholwa ehlathini limbe esigodini saseNdondwane." Ngayichezukisa imoto. Ngase ngishayela uNdosi ucingo.

"Baba. Kukhona engikuzwa ezindabeni lapha emsakazweni. Ngabe kuliqiniso?"

"Yebo kunjalo impela ndodana. Ushaya nje bengisathi ngibuyela kuwe."

Ngiwehlise amaphaphu. Ayikho le nkukhu. Ngiwachithe amanzi. Ngijike. Ngingene ngaphakathi ekhaya. Luqhubeke usizi lwami. Zigobhoze izinyembezi. Sengibuyela kulesi sihogo engisishiye endlini esiwumalume kaThandokazi.

133

Sengibuyelile endlini, kwaqhubeka ukungezwani kwethu mayelana nalolu daba. Kodwa ngazama ukumbekezelela njengomuntu omdala. Kukho konke ukungezwani kwethu ngakhulekela ukuba nenhlonipho. Phela kuthiwa ibalulekile kuwona wonke umuntu kungakhathalekile ukuthi omdala noma omncane. Ngazehlisa, ngathobela umthetho wakhe. Wangitshelake ukuthi uma ngingalihlanzi iqiniso ngokwenzeka kumshana wakhe, wayezovuka anikele emaphoyiseni, ayongivulela icala. Engqondweni yakhe yayikhona le nto yokungangethembi ehlanganisa nokungisola ngokuthi kungenzeka kube yimina owabulala umshana wakhe. Angilazi-ke iqiniso ayelibabele kimi ngoba inhliziyo yami nezandla zami zazimhlophe, ngimsulwa.

Ngase ngifisa nokulidayisa ibhizinisi lami. Ngangibona kungezinye zezinto ezizongidonsela izinsolo. Ngalezo zinsuku lalenza inzuzo ngendlela emangalisayo. Konke lokhu kwakuzongidonsela amehlo, kuphinde kufakazise lokhu engangisolwa ngakho. Pho ngangizolifihla kuphi? Ngangingeke ngisakwazi ngisho ukulinika umuntu oyisihlobo sami abambise okwesikhashana ngobunikazi balo ngenxa yemibandela okudingeka isayinwe njengesivumelwano sami naye lapho namahhovisi okubhalisa leyo micikilisho ayevaliwe.

Kwase kungicacela ukuthi ngosuku olulandelayo ngangizolala ezikhindini. Wayengadlali phela uMalume kaThandokazi. Ngangimbona ngisho ebusweni ukuthi le nto ayishoyo uzoyenza. Wayediniwe. Yize ngangingaba nawo amaqhinga okubaleka kodwa akuzange kungifikele lokho ngoba kwakuzokwenza zikhule futhi ziqine izinsolo, zona lezi ezingelona iqiniso.

Ngenkathi ngihlangana okokuqala noThandokazi ngangingazi ukuthi kuzogcina sekunjena. Ngangingazi ukuthi ngelinye ilanga ngizongena otakwini olunjenga lolu. Impela ukungazi kuyefana nokungaboni. Lapho singena ebudlelwaneni nalabo esibabele khona ngezinhliziyo zethu, sihambe ibanga elide nabo, sigcina ngokusala ehlane sekukude emuva naphambili, bengasabonwa nangalukhalo. Izimvula nelanga konke kuphelela emzimbeni wethu. Lapho sizitshela ukuthi sizijwiba njengezinhlanzi edamini lothando, sivala amehlo singene, sizithola sesisele ekujuleni kolwandle singeke sisakwazi ukuphuma. Ngangize ngiluqalekise usuku engahlangana ngalo noThandokazi. Amehlo wona ngangiwahlulela ngokuthi iwona ayengifake kule nkinga. Angisayiphathi-ke eyenhliziyo yami, yona ngangiyigxeka nxazonke ngokusukela umuntu ivele imthande nje ibe ingamazi nokumazi. Njengenhlukano yeNtshonalanga neMpumalanga injabulo yami yayiqhelelene nami, ikude.

Inhliziyo yami ngayenza yemukela isimo. Angizange ngivume ukubuswa inzondo ngomalume kaThandokazi nami engase ngimthatha njengomalume wami. Ngamlungisela-ke ikamelo lokulala ngoba sengibona kuhwalala. Nami ngaya kwelami, yize ngangazi kahle ukuthi angeke ngibuthi quthu ubuthongo. Vele kamuva nje ngangingasabazi ubuthongo. Umehluko owawukhona phakathi kwalezi ezinye izinsuku ezadlula nalolu lwangalelo langa ukuthi ngase ngiwumsolwa wecala engingalazi. Lapho kwabaningi lishona ilanga bebonga kuMdali konke okwenzekile nokubehlele ebudeni bosuku, mina ngangiqhatha usizi. Kwakuthi lapho ngibuyekeza usuku lonke ngivele ngiluqalekise.

135

Ngosuku olulandelayo ngavuka umzimba wami uncinzekile. Yize ngangingazi ukuthi ngikhathazwe yini, kodwa ngavele ngasola ukukhathala kwengqondo. Njengenjwayelo ngangena ezingutsheni zami zokuzivocavoca, ngaphuma ukuyozivocavoca. Ngabuya esevukile umalume kaThandokazi.

"Ibonene malume. Ngab'umalume ulale kanjani?" kubuza mina ngenkathi ngingena emnyango. Angikluluze ngeso.

"Uphuma kuphi kusa nje?" kubuza yena eswaca.

"Awu awuzwe umalume madoda! Bengisayozivocavoca la ezansi malume ngoba asivumelekile ukugcwala umgwaqo." ngiphendula ngimamatheka. Athule nje angaphenduli. Uma ngimbheka kwaba sengathi uselungele ukuba yindlela. Kungimangaze nokho ukuthi usegeze manini njengoba mina ngangihambe esalele, kanti angizange ngiyiqede ngisho imizuzu engamashumi amathathu ngiphumile.

"Ngabe umalume useyahamba?"

"Ehhene! Uthini lo mfana? Ngijahile phela mina. Futhi kuningi okumele ngikuqede lungakapheli usuku lwanamhlanje. Ngisheshisele-ke uyongibeka edolobheni."

Ngingabe ngisabuza nokuthi uzodlani. Sengiyobona ngendlela.Angazi njalo uzodlani ngoba nezindawo zokudla zivaliwe. Ngiphume ngidumise imoto nginjalo nomjuluko wami. Phela uma ngingathi ngisafuna ukuziphaqula ngizobe ngithinta inyoka izihlalele emgodini. Uzovele avuke indlobane. Ngamtshela-ke ukuthi sesingahamba. Nebala saphuma sahamba.

136

Sesisedolobheni ngangena ethilomu ngiyobheka angasula ngakho umlomo umalume. Ngangingenankinga nokuthi ngifake ezokuzivocavoca. Ngacosha ama-aphula nje nobhanana ngoba phela ukudla okwakuphekiwe kwakuvaliwe kungathengiswa. Sasula umlomo saqhubeka sahamba. Ngafike ngamshiya esangweni lenkampani ayebabele kuyo. Yize wayengemuhle hle emoyeni uma ngimbheka kodwa wayengikhulumisa uma kukhona okubalulekile afuna ukukusho.

"Kulungile izobonana-ke." Kwakusho yena evala isicabha semoto sakusilahla. Ngabuyela emuva. Ngangingasadinge nakwazi ukuthi wayezobuyela kanjani emuva njengoba wayekhale ngemali ngaphambilini.

Izulu lase liqala liguqubala. Ngangizitshela ukuthi ukuguquguquka okuzoletha amakhaza ngempela, kwazise kungena ubusika. Ngomzuzwana nje lase ligubezele, liqubula amafu amnyama bhuqe. Amathonsi alo kwakuyilawa angajwayelekile. Ayeshaya kabuhlungu emotweni. Ngenhlanhla ngafika ekhaya ngisaphephile. Noma yayikhona imizamo engangingayithatha yokuphuma ukuyothungatha uThandokazi, yayingeke isebenze, kwazise lalina kakhulu. Ngahlala ngalinda. Ngangithi ngilinde ukuthi lise izulu kanti ngilinde amathonsi abanzi.

Lathi lapho liqamba lisa izulu, memfu abakwasidlodlo. Lavele langishiya igazi. Emotweni babebane. Amaphoyisa amathathu noSiphikeleli, umalume kaThandokazi. Abazange babuze pasi nasipesheli. Emveni kokuthi sebengifakile imibuzo embalwa, bangitshela-ke ukuthi sengiyaboshwa ngoba ngisolwa ngecala

137

lokuduka kukaThandokazi. Akuzange kufike kimi nokuthi ngibabuze incwadi ebagunyaza ukuza emzini wami ngoba vele babengezile ngokuzosesha. Ngathi ngiyazama ukubachazela ukuthi angilazi lelo cala, bangitshela ukuthi bayangizwa kodwa sengiyochaza phambili. Owabo umsebenzi ukuthi bangilande. Izindaba eziphathelene nokuchaza akuzona ezabo futhi abahlanganise lutho nazo. Bangifaka emotweni yabo, yaduma, yahamba.

Yize kwakucacile lokhu okwakwenzeka kodwa ngangingafuni ukukukholwa. Emqondweni wami ngangizitshela ukuthi ngilele ngisebuthongweni. Kwangicacela ukuthi ngiyaboshwa ngempela ngenkathi imoto ingena ngomgwaqo obheke ejele kwaMaphumulo. Sebengehlisa ngakhumbula ukuthi imoto yami ngangiyishiye ingakhiyiwe. Nomnyango wendlu angikhumbuli uvalwa, nesango nalo amathemba okuthi lalivaliwe ayemancane ngoba imoto yabo yayiphume isidla amagalane, futhi angikhumbuli ima esangweni lakwami.

Ekwehleni kwami evenini ngaqaphela ukuthi uSiphikeleli wayengasekho emotweni. Ngazibuza ngaziphendula ukuthi wayesale kuphi. Kwangicacela-ke nokho ukuthi wayesalile yena ngenkathi bengiphonsa emotweni.

Kwaqala ngobusuku bangalelo langa ukuba nzima empilweni yami. Kuze kube namhlanje angazi ukuthi umuzi wami sewaba njani. Angazi ukuthi ibhizinisi lami lasala laqhubeka noma cha. Phela akekho noyedwa ofikayo ukuzongibona njengoba kungavumelekile nje. Nempilo ephilwa la ayijwayeleki kimi.

Njengoba kusa nje namhlanje lizoshona sengazi ukuthi ngiyaphuma la ejele noma ngizohlala khona unomphela. Kufika isikhathi sokudla kwasekuseni nje mina sengizihlalele ngiqhatha usizi lwami. Akuvumi nokuthi ngidle. Sengilinde kubumbane ihora leshumi, liqale icala. Akekho nengixoxa naye ngalolu daba. Angithi ngenkathi ngiboshwa la ngakhetha ukungabi naye nhlobo umngani. Noma bekhona abazama ukuzisondeza kimi ngiyabaqhelisa noma ngiziqhelele mina ngoba ngisuke ngingazi ukuthi bazisondeza nje bahlose ini. Nempela libumbane ihora leshumi. Alukho-ke usuku olungafiki, kanjalo asikho nesikhathi esingafiki. Nesokubizwa kwami-ke safika. Ngashaya umthandazo omncane. "Uze ube nami Nkosi."

UMshushisi uphethe umqingo oqukethe umthetho sisekelo ovikela amalungelo abantu base Ningizimu Afrika. Ulokhu ephusha izibuko zakhe ngomunwe ezihlalisa kahle ebusweni njengoba eselungiselela ukuqala.

Sekuthule cwaka manje. Wonke umuntu usemi ngomumo ukuzwa ukuqulwa kwecala. Ngenhla kwami kumi uSiphikeleli njengommangali. Ungibuka sakungintshontsha lapho amehlo ethu ehlangana. Bakhona bonke abantu engicabanga ukuthi kumele babe khona. Umuntu engingamboni lapha uNdosi. Yize kungimangaza ukuthi kungani engekho kodwa ngibuye ngingabi nakho ukumgxeka. Uyindoda ematasa uNdosi, uyazisebenza. Kungenzeka ukuthi ubambekile.

Aqale ngokufunda umthetho sisekelo uMshushisi. Ngizizwe ngilahliwe lapho efunda isigaba esikhuluma ngokubulawa kwabantu ikakhulu abesifazane. Phela umthetho ukubeka kucace ukuthi akekho umuntu onelungelo lokubulala. Umthetho uphinde ukuveze ukuthi lowo osolwa ngokubulala akafanele nakancane ukuphila emphakathini. Noma isinqumo sokugwetshwa kungekho la esishicilelwe khona ngenxa yokuhlukana kwamacala kodwa kusobala ukuthi isigwebo saleli cala sizoba sikhulu. Kuba yisinqumo sayo inkantolo. Kokunye iye isinciphise inkantolo isigwebo ngoba ibhekelela isimo somsolwa. Wangibuza-ke uMshushisi ukuthi ngabe nginaye yini uMmeli. Ngalandula. Kwathi nalapho befuna ukungitholela uMmeli kaHulumeni oyisipesheli, ngala. Sengizidelile nami. Ithemba selingiphelele.

"Mthuthuzeli Sibisi, usolwa ngecala lokuthumba uphinde ubulale lo obeyingoduso yakho uThandokazi Nxumalo. Ngabe uyalivuma noma uyaliphika leli cala?" kubuza uMshushisi.

"Ngiyaliphika nkosi yenkantolo."

Kube nokuhhomuzela uma ngiqeda ukukhuluma. Babodwa abanxaphayo, abanye bangichapha ngezinhlamba. Kube umzuzwana bazothe, bathule

"Landisa inkantolo ngokwenzeka ngosuku aduka ngalo uThandokazi." kuqhuba yena uMshushisi.

"Angizange ngimbone ngalolo suku uThandokazi nkosi yenkantolo njengoba sasingahlali ndawonye. Ngangizinakele ibhizinisi lami, kwazise kwakuyimpelasonto ematasa. Kwathi lapho ngimshayela ucingo ngenhloso yokuzwa impilo ngangamthola ocingweni. Ngaze ngaqhapela ngosuku olulandelayo ukuthi akatholakali. Ngahamba-ke nganikela la ayeqashe khona. Nalapho angizange ngimthole." kuqhuba mina ngilandisa inkantolo ngakho konke okwenzeka.

Yaguqiswa inkantolo ngoba sekushaya isikhathi sokuthatha ikhefu, ngethemba lokuthi izothi ingabuya ekhefini bese siyaphuma isigwebo. Ngokujwayelekile vele isigwebo sijwayele ukukhishwa esigabeni sesibili sokuqulwa kwecala. Seyibuya ngesigaba sesibili inkantolo, ngabuvula ubuso bami njengoba ngangikade ngibumbozile ngaphambilini. "Vele ngiyisigebengu ngokusho kwabo. Akusizi-ke ukuzifihla ngibe ngisazovalelwa," kusho mina ngenhliziyo.

"Umthetho waseNingizimu Afrika ukuhlaba uyakuhlikiza ukusocongwa kwabantu," kusho uMshushisi. Aqhubeke.

"Ezigamekweni ezinjengalezi-ke umthetho uye udlale indima yawo ngokukhipha isigwebo esijezisa umsolwa. Kodwa kuleli cala likaMthuthuzeli inkantolo imthola emsulwa ngoba ubufakazi abuhlangani kuze kube manje…"

Kuxokozele enkantolo aze aphazamiseke uMshushisi athule. Ngingazikholwa nami izindlebe zami uma ngizwa isinqumo senkantolo. Phela bese ngilindele ukugwetshwa ngigqunywe ejele impilo yami yonke. Baphume abantu kucaca nje ukuthi banengekile ngesinqumo senkantolo. Ubabona behamba nje ukuthi badangele.

Ngakhishwa, ngaphelezelwa ngoba abomthetho besabela ukuthi ngingahle ngibe nyamanambana kulo mphakathi oqhinqe lapha ngaphandle. Baze bayongibeka phakathi emzini wami. Nokho awushintshanga. Usenjengoba unjalo. Nemoto yami isaphephile.

141

Umsebenzi wokuzicijisa

A. Imibuzo emifishane

1. Ngemisho emihlanu, ake uveze okwenzeka kule ndaba?
2. Le ndaba yezeka kusiphi isifundazwe? Sekela impendulo yakho.
3. Ubani umlingiswa oqavile kule ndaba? Sekela impendulo yakho.
4. Ake unike isizinda sale ndaba ngokugcwele.
5. Bahlangana kuphi oMbekezeli noThandokazi? Bekwenziwani lapho?
6. Ubani uNdosi, mchaze ngokuphelele.
7. Lukuphi udweshu kule ndaba?
8. Hlaziya le nkulumo elandelayo.
   a. Ayidle izishiyele
   b. Uzowukhomba umuzi onotshwala.
   c. Utshani obulele buvuswa umlilo.
   d. Isukamumva likholwa izagila.
   e. Ukuqapha ngelokhozi.
   f. Ukuhlaba umxhwele
   g. Ikati lingalali eziko
   h. Ngiyathatha ngiyabeka
   i. Ngidla amathambo engqondo
   j. Ethelwe ngezibonkolo
   k. Ngithela amanzi emhlane wedada
   l. Ngibambe elentulo
9. Ubani umqhathi kule ndaba? Sekela impendulo yakho.
10. Lukuphi uvuthondaba kule ndaba?

11. Ubani umalume kaThandokazi?
12. Ubani lona ofunda umthethosisekelo enkantolo?
13. Bamthola kuphi uThandokazi, ekusiphi isimo?
14. Veza ingwijikhwebu etholakala kule ndaba.
15. Ngabe le ndaba ilandwa ngumlandi wokuqala, wesibili noma wesithathu? Sekela impendulo yakho.

B. Imibuzo emide

Bhala i-eseyi uphendule lo mbuzo: Kungabe umbhali wale ndaba ukwazile yini ukuhambisana nesihloko sendaba? Bhala kube yi-eseyi ehleleke kahle ngokwezigaba ze-eseyi ejwayelekile. I-eseyi yakho ayibe ubude bamagama angama-300.

Bekumnandi ungekho

Mthobisi Busane

Ngenyanga ka-May kowezi-2020 abantu abaningi basebephenduke ompetha bokwenza izimbiza zikaFaro ezinhlobonhlobo emakhaya, kwazise iNingizimu Afrika yayingaphansi kukathaqa, ihlaselwe isihlava esidume ngele-Covid 19. Isikhathi cishe ngezinyanga zabo-March lapho uMengameli wakhipha isimemezelo sokuthi umuntu nomuntu akahlale ekhaya, angayi ndawo ukuze kuzolwiswana nobhubhane lwekhorona okwabe kunenkolelo yokuthi iqhamuka eChina edolobheni laseWuhan. Abantu baseNingizimu Afrika ngempela bamlalela uMengameli, kodwa abanye basala 'no-hhe-e, no-hhayi bo!' Abaningi babezibuza nokuthi yinhloboni yempilo engezukuba nandawo yokudlela, engenandawo yamabhayisikobho, engenankundla yezemidlalo, engenandawo yokucima ukoma, nje inhloboni yempilo ezophilwa kuvalwe yonke indawo. Kwakukuningi abakushoyo, kodwa abanye babemi ngelokuthi noma ubani ubengasithatha lesi sinqumo ukube ubesezicathulweni zikaMengameli. Lesi simo sokuphila sengathi usejele sagadla kwazwela, kwacaca nokuthi ezintweni zonke ezivaliwe sengathi ukomela utshwala yikhona okuyinkinga engabekezeleleki. Ababebudayisela emakhoneni wawubona kahle ukuthi bafuna ukuthenga amabhanoyi nemizi eneziziba zokubhukuda ngendlela obababiza ngayo utshwala. Babekuchazela ababudayisayo ukuthi nabo badlala ngezimpilo

144

zabo enkundleni eyodwa namaphoyisa, ngakho-ke akube kuwe noma uyabuthatha noma uyabushiya. Uyabuthatha.

Uma ubushiya kwakungabi nankinga, kodwa usuku lwaluphela seliphelile ikesi ngakho wawungancengiwe. Khona kunjalo kodwa umoya wawungapheli kubantu. Okwagcina kuphela kwaba yibo utshwala, nemali obudayiswa ngayo yaqala yanyuka kakhulu manje. Sekuphakathi no-May, kwabonakala nasezinkundleni zokuxhumana ukuthi abantu abazibekile phansi, bathekelana ngolwazi lokuthi utshwala bokuzakhela ekhaya bakhiwa kanjani. Wawuhleka uze ulale uma uzwa sebexoxa ulezi zinkundla. Besho ukuthi uma wenza i*Hunters* ufaka ama-aphula angama-20 ebhakedeni usuwacwecwe kahle, wawaklaza, uma kusuka lapho, ufake netiye i-*5 Roses*.

Babethi uma usukuphekile kwavuthwa, kumele ukuyeke kuhlale izinsuku eziyisi-7 kuze kube muncu. Uma usuvula lapho kuphuma unqambothi, kusho abomanalapho sikutshele. Imfulamfula yayikhona nayo, yona yayidle ngokuthi ibikhona vele esiZulwini – kwakudingeka nje ukuthi abanye bakhunjuzwe ukuthi yenziwa kanjani, ikakhulukazi igenge yesimanjemanje. Okwakuxaka ngemfulamfula yesimanjemanje ukuthi kuqalwa ngokuthona inhlama yeJungle Oats nofulawa, kuthelwe amanzi andukunduku, bese kufakwa izinkwa nephayinaphula, kuthelwe emanzini lawo imbiliso yokukhukhumalisa ujeqe.

UNqo noMholi yibo ababenza imfulamfula endaweni. Wawuthula, usondele, ubuke, uncincize noma ujabule. UMholi wasondela ezothatha uphayinaphu owawudinga ukucwecwa nokusikwa. Wathi uma eqeda, wacela into yokulahlela amakhasi, wathi uNqo kuye, cha, nawo amakhasi afakwa ebhakedeni konke nofulawa oluhlaza neJungle oast. Okwemfulamfula kwakungathathi isikhathi eside ngoba yayenziwa ngayizolo iphuzwe ngakusasa. Nazo izandla zazishiyana kuyo. Evutshelelwe ukudayiswa iyanyanyalatwa izithako, kanti evutshelelwe ukunama ayinyanyalatwa ngalutho. Ukudlondlobala kokwenziwa kothswala bukamazakhele emakhaya kwadlonga kwaze kwafinyelela ngasekupheleni kwenyaga kaMay lapho kwase kuqalwe khona ukuhlongozwa ukudayiswa kotshwala kabusha. UHulumeni wayehlongoza umgomo wokuthi amanzi amponjwana awazophuzwa kube ikamachanca kwampunzi edla emini kodwa umuntu uzothenga iphasela lakhe ayozitika ekhaya. Nalapho uma ungena esitolo kwakumele ufake isimfonyo esifana nalesi sokuvikela izintuli uphinde ukalwe nokuthi ushisa kangakanani egazini ngoba phela ikhorona yayintanta izwe lonke sekucaca ukuthi kubusa yona uRamaphosa uyabukela. Iziphithiphithi ezaqala ngabo mhlaka 27 May 2020 zaba izinkomba zokuthi utshwala buthakaselwa uwonkewonke. Kwabonakala ukuthi ukube kuya ngabo abantu ngabe usuku obabuzovulwa ngalo luba iholidi. Kwakuhlongozwa umsombuluko owawuzoba ngomhlaka 1 June 2020. ENingizimu Afrikha kunomkhuba wokubongela usuku lwangoLwesihlanu nolwaziwa njengelokuvivela impelasonto yangempela eqala ngeSabatha ekuseni iphele kabuhlungu ngeSonto ntambama. Abanye baze baluteketise lolu suku bathi 'Izimfrayi'. Sekwaba insakavukela-ke ukuhlezi uzwa abantu bethi "Izimfrayi namuhla, kupholiwe!" Kepha ngenkathi kuvalwe utshwala lathi ukwehla leli temu nasezinkundleni zokuxhumana, kwabe sekuqopheka umlando ngenkathi sekuphuma ukuthi utshwala buzovulwa ngoMsombuluko, kwazise uMsombuluko yilona suku oluzondwa kunazo zonke izinsuku eNingizimu Afrika.

UMsombuluko uzondwa omncane nomdala ngoba yiwo lo ovulela isigcawu sama*home work* angempelasonto ukuthi avulwe abekwe phambi kwamatafula abafundi, nokufuthiswa ezindaweni zemisebenzi ukuze kubonakale ukuthi abantu abeqiwe yini izinkamba zikaFaro kuba mandla ngalolu suku. Ziningi nje izinto ezenziwa ngoMsombuluko uze ufise sengathi impelasonto into engapheli. Amatafula ajika uma kutholakala ukuthi wonke umuntu uthi 'Woza *Monday*'. Abanye babethi kunzima ukuphuza utshwala bokuzakhela, kwazise kubeka impilo engcupheni, kwazise sesaphila impilo yostshuzi-mi asisayithinti into ehlalwe impukane. Kwakuyilezo nalezo zidlamanzi ezithiya ngophethroli kuphela uma kuziwa ezintweni eziphuzwayo ezaziphuza lonke uhlobo lwento. Kwakuyilezi ezithi, "Yonke insipho iyawasha." Okwenza abantu abaningi bangabuphuzi utshwala bemfulamfula obenziwe uMholi insizwa eyayisukile ngethambo yaseMdletsheni ukuthi base beqhoshe ngokuthi umengameli sengathi usezizwile izikhalazo zabo ngakho usezoxegisa ngasonswinyweni oluqondene neziphuzo ezidakanayo. UMholi kwabe kuyinsizwa eyayiziphilela endaweni yaseVuthwane eNdwedwe esebenza kwezombusazwe engumuntu wezinyunyana ezilwela amalungelo abasebenzi.

Akukuningi okwazekayo ngaye ngoba wayesanda kufika eVuthwane ekhonze nokuhlezi evakashela abafana bendawo eyocela amamuvi nge-USB kulabo abanomathangeni (*laptops*).

Wayesuke enzela ukuthi angakinywa isizungu uma izinsizwa zendawo zingamvakashelile ngesinye isikhathi ngoba naye wayesazama ukubajwayela. Njengoba wayemusha nje endaweni wayehlezi ezihlalela yedwa uma engekho umfowabo uLungisa kokunye kufike isinqandamathe sakhe uNondumiso. Uma engekho kubo uMholi wawumthola kwaNgubo lapho kwakudayiswa khona inyama yengulube ehlinzelwe ekhaya. Uma elapho-ke wayesuke eyocima ukuhashuka nokoma. Njengoba wayehlezi ezihlupha ngokufunisisa ukuthi banjani abantu bendawo yakhe entsha, wagcina esexhumana nabo ngokomoya ikakhulukazi abafana bendawo. Nangalo usuku mhla kudingidwa ukuthi kuqhutshekwe noma kumiwe ngemfulamfula kaMholi kwakuhlanganelwe kwaNgubo. Kwabe kuyiSonto emini lapho isixongololo samazwi equlu lezinsizwa ezazihleli kwaNgubo lisho phezulu khona bexoxela uMholi ukuthi babezombusisa ngakusasa, bezomvakashela bahlale naye usuku lonke, kwazise umengameli wayezovula umhlanganisi wezinsizwa.

"Komele madoda sihlale njengeziqumama kusasa, sikakwe amaqhwa usuku lonke." Kuzwakala omunye esexoxa amaphupho anawo ngosuku lwakusasa.

"Noma kunjalo kodwa ungibuze ungiphale ulimi, bakhona ongom'uyayona abazomosha yonke into. Bahlezi nje bekhona oskhwili-phambana nobhoko." Kuphendula elinye izwi.

"Namasaha ungawashiyi, bananesibindi-ke kule ndawo, umuntu usaha ngisho endaweni angayazi, uzobona nje bafo ksasa kwakho kuzoba sengathi sikwiRoyal Show eMgungundlovu." Kunezelela elinye izwi esixukwini.

148

"Kazi zizofika yini izintombi. Iphathi enjani nje engenabantu abathambile noma siyokwenza i-*Men's conference?*"

"Ngeke kwenzeke kanjalo, nihlezi nicabanga into ezokona usuku ngisho singekho isidingo, sesakhula manje madoda, musani ukupha umholi umucabango wokuthi kule ndawo asikwazi ukuzilawula uma sineme." Kukhuza elinye izwi esixongololweni.

"Ake sithi nje, sobona sekusile. Iyodwa into engiyaziyo, lophela usuku ngijabule futhi ngiphephil." Kubeka omunye wabaxoxayo.

"Sikhethe kahle impela uma sikhetha ikhaya likaMholi madoda, ngithemba nomkhulu bakhe bojabula bebona igceke liphithizela, kwazise basengomafikizolo." Kuthuleke.

"Omafikizolo! Akusikho ukuqhuba intwala ngewisa nje lokho?" Kubuza elinye izwi esixukwini.

"Lutho, amancoko madoda." Kusho kuqhume uhleko bonke bebuka uMholi. Naye uMholi wabonakala ukuthi unamile futhi uyezwa ukuthi isikhathi samancoko. Ngalowo mzuzu yathi ukunqamuka kancane inkulumo ehlelekile, kwezwakala sengathi sebeyikhwaya. Abanye babememeza phezulu bethi bona ngeke balinde ihora lesi-9 ekuseni kuyila beyothenga izithandwa zabo, ubhiya. Phela uMengameli wayethe utshwala buzodayiswa ngoMsombuluko kuya kuLwesine njalo ngehora lesi-9 kuya kwele-5 ngoba isihlava sekhorona sasisabahaqa abantu singamile. UMholi ngesikhathi bememezana bekhuphula amazwi, wathi kubo, abathule kancane usakhuluma nocingo. Nempela wasikhipha isixwembe sakhe, wasibamba ngesandla.

Kwezwakala ngaye esehlisa izwi ukuthi ukhuluma nomuntu okhethekhile.

"Ukuphi kodwa emsindweni onjena kodwa, Mholi! Kungakashayi nomhlaka 1 ususemidansweni!" Kubalisa uNondumiso isithandwa sikaMholi ocingweni.

"Cha akunjalo, ungibona nje ngizama ukuwukhuza." Kuphendula uMholi efa yinsini.

"Asithembe nakusasa uzobe ujabule kanje uma ngifika, phela uhlezi nje umatasa nabangani bakho uma ngifike lapho." Kuqhuba uNondumiso ocingweni.

"Cha akunjalo. Mina nginomusa nje vele, ngininaka nonke uma ningivakashele, angithi nabo balala bodwa emakubo? Phela ngeke ngikugqolozele usuku lonke ngoze ngibone amabala engingawazi." Kuqhuba uMholi.

"Ujabule ngempela namuhla kuyasho ukuthi kade walulinda usuku lwakusasa. Mina ngijahe ukubona wena hhayi izinto eziningi."

"Phela vele iphakade lakho yimina, lokhu okunye nokunye izinto nje zomhlaba ezizidlulelayo. Mina nakusasa ngizobe ngikhona ngilinde wena Ndumo wami."

Emva kokuba uMholi noNondumiso sebeqede ingxoxo yabo ocingweni, kwaba nomzuzwana uMholi evala ucingo lwakhe ebuyela kubantu ahleli nabo. Wathi uma efika kubona wahleba koseduze esho sakudlala ukuthi abantu besifazane bayahlupha futhi akazi okwangempela ukuthi yini le abeyifonelelwe uNondumiso ngoba kade bexoxile ukuthi uzofika kusasa noma ubefuna ukuzizwela iphimbo lakhe nje kuphele kanjalo. Nomsindo wezinsizwa ezaziphithizela endaweni yokosa wawusuthe hhamu kancane sekucaca ukuthi umuntu nomuntu ulindele usuku lwakusasa lwangoMsombuluko. Babembalwa ababethumela imiqhafazo ezinkundleni zokuxhumana besho ukuthi baphumile konoxhaka babantu abadayisa utshwala, yonke into ephuzekayo kusasa izobuyela emalini ejwayeleki, njengoba ibhodlela leSmirnoff beseliwu R400 nje, selizokwehla libuyele kuR140 ojwayelekile, nobhiya obusubiza u-R50 uwodwa nawo uzobuyela emalini ejwayelekile. Kwaba izindaba ezimnandi lezo kodwa abanye basala babhongela emswanini ngalesi sinqumo besho nokuthi izwe belisaqhuba kahle ngoba abantu abaningi abadiyazeli, kuthulekile nasemigwaqeni izingozi zemigwaqo azibonwa nangokhasha, nabantu abavame ukuxova imimoya yabanye abantu uma sebeqiwe uphuzo oludakayo banciphile. Abanye babencoma ukongeka kwemali besho ukuthi sebeyabona manje ukuthi utshwala yibo lobu obumosha imali. Abanye babebabaza ukuhlala isikhathi eside namanye amalunga emindeni yabo nokwakuyinto eyayingasajwayelekile, kwazise abantu abakhonze impilo bavame ukuhamba ekuseni babuye sebegwanqamisa okuya ethunjini baqede lapho baziphonse embhedeni, abanye baze balikhiphe ngembaba elokuthi akekho umuntu ofayo ngokulala engagezile. Yikho-ke abantu abaningi baqala ukubikelwa uma kuthiwa utshwala buyavulwa. Nabo ayikho into ababengayenza, ngisho kungathiwa babeka izizathu eziyinkulungwane, kwakoba nhlanga zimuka nomoya ngoba uHulumeni wayeseshilo ukuthi ukuma kokudayiswa kwalolu hlobo lwesiphuzo kunqinda amandla okukhula komnotho.

Wayesebonile uHulumeni ukuthi iningi labantu liyaqubuka ngokubizisa utshwala, elinye liyaqubuka ngokonga imali yena uhlezi ndawo thizeni uyazibuza ukuthi ungumtshingo ubethwa ngubani ngoba alisekho isenti elingena esikhwameni sakhe ngohlelo lwe-SARS. Lwafika-ke olungaliyo langomhlaka 01 June. Lwafika kahle futhi lolu suku engekho othi ujahe emsebenzini, engekho ojahe izihlobo ngakusasa, engekho futhi nothi ushoda ngemali ngoba wonke umuntu wayenayo. Phela ngazo lezi zikhathi ziningi izigemegeme ezazishiya umuntu ebambe ongezansi. Njengoba nje ngithi wonke umuntu wayenemali yingoba uMengameli wezwe owayebusa wamemezela izindodla zezimali okuyilo ngazalwa engingakaze ngazizwa, wathi kunezindodla zezigidigidi ezibalelwa emakhulwini amahlanu, u500 Billion ngolwasemzini. Wathi uzonyusa isibonelelo sezingane nezalukazi nomkhulu nogogo, wathi abasengcupheni yokuphelelwa imisebenzi abahole imali edume ngo'UIF', wathi bonke abantu abangasebenzi uzobanika imali engango R350 njalo ngenyanga zize zibe yisithupha, wathi abasebenzayo abaqhubeke basebenze kodwa basebenzele emakhaya uma kukhona izifo abaphila nazo, baqhubeke futhi bahole. Ngakho wonke umuntu wayethi uma ethinta iphakethe lakhe noma ebukabuka i-*App* yakhe yasebhange ahleke yedwa ngoba impande yesono ayiluthezi olunenkume.

Zathi izikhathi uma ziqala zithatha ukusa waqala washintsha umoya wezwe – kwezwakala ukuthi abantu bangena kwelinye igiya futhi sekuphele isikhathi eside bawulinda lo mzuzu. Babewulindele njengengoma ehlukanisa unyaka njalo phakathi kwamabili uma kuvalelisa uZibandlela kungena uMasingana nokuyinto engenzekanga ngonyaka ka-2020. Umsakazo Ukhozi FM wavesane wahlohloza sekumele kungene ingoma phakathi kwamabili. Abantu abaningi babona nangalolo phawu nje ukuthi unyaka esingena kuwona unolaka. Nababengaphuzi babelinde ukubona ukuthi yini le esotshwaleni ethandwa kangaka. Lo mbuzo wadida waze wadida ngisho uNgqongqoshe waMaphoyisa owathi mhla esemsebenzini wakhe wabuza ukuthi yini kanti le efakwa kule nto. Lathi ilanga maliqala lilunguza ekuseni ukuthi kukhona bani eNingizimu Afrikha labona ukuthi namuhla zichithiwe kufike uthelawayeka, zonke amashoba ziwabhekise phezulu.

Iziqubulo ezazisho ezindaweni ezidayisa utshwala zazimangaza. Isitolo esidume ngokudayisa utshwala eNingizimu Afrikha esaziwa ngoTops sasesingungwe izinkumbi zabantu izwe lonke. Babodwa ababethi bafuna nje ukuzwa ukuthi busanambitheka ngaleya ndlela obabunambitheka ngayo yini kanti abanye babethi sebekhumbule isikhathi sokuzihlalela nabangani nezihlobo baziqhubele usuku ngezimehlane baxoxe nezakamzukwane, kanti abanye babefuna bungene nje emzimbeni ngoba kuba sengathi abaphili ngokwanele uma bungekho egazini. Abanye nkosi yami kwakungukuthi bakwazi ukuthenga abazobudayisa ukuze bezobeka okuthile etafuleni, kwazise babudayisa ngokungemthetho.

Kwakuyizikhathi zamahora eshumi ekuseni ngesikhathi uMholi evuka, ezelula endlini yakhe enamathiselwe ubhazabhaza kamabonakude namakhabethe ambalwa eceleni ahlezi egcwele izinto ezenza umuntu engabe esafisa ukuvalelisa uma evakashile. Uzelula nje uphethe isilawulamabonakude ulokhu esicofa ebheka isiteshi esidlala uhlelo olungconywana kumabonakude wakhe wendishi. Wathi uma efika esiteshini se-SABC kunombolo 404 wakhangwa izindaba ezimthinta ngaphakathi ezikhuluma ngokuvulwa kwezindawo ezidayisa utshwala ezweni lonke. Yake yathi ukuma inkunzimalanga ingakholwa ukuthi ngempela lolu suku selufikile. UMholi phela wayengakholwa ukuthi uzolala enswanswa namuhla futhi nesithandwa sakhe siyeza kanti futhi uzothi uma ehleli nezinsizwa kulokhu angeke aphuze utshwala bokubambisa nobokuhlupheka kodwa ngalelo langa wayezobuphuza aze abubhangqe nokunoshukela uma ngabe wake wabona bephuza ugologo. UMholi wavuka walungisa indawo yakhe yokuhlala, kwazise umndeni wakhe wawukwenye indawo kunguye yedwa olapha eVuthwane. Wathi uma ezwa ukuthi impela usuku lungaqala wabe eseshayela ezinye izinsizwa izingcingo ukuthi azize ngapha emzini wakhe zizophila impilo.

Kwaba ukuthi usho emadodeni, akuphelanga namizuzu emingaki babe sebeqala sebetheleka ngamunye ngababili. Sasingekho isibalo esasilindiwe, kwakulokhu kungeniwe nje, abanye babuye bahambe kodwa abanye babelokhu behleli. Kwakunomfana okwakuthiwa uCasanova, owayevame ukugqoka ophaqa be-Adidas abamhlophe, amasokisi anombala wejuba, izikhindi zokubhukuda olwandle nezikibha ze-Maxed. Uyena lo mfana owayephithizela ngayo yonke into, uye owayosa inyama, ethenga izinto ezishodayo, ethunywa nanoma ikuphi la kudingeka khona. Uyena yedwa futhi ongakhiphanga mali futhi ongadakwanga kwababekhona. Uye futhi owabatshela bonke ukuthi sebengahamba la manje baye kwaNgubo la kosiwa khona ingulube ngoba isihlinziwe. Nesimo sokuhashuka sasesifike ngempela, kwazise utshwala ayikho enye into obuyamukelayo emphinjeni ngaphandle kwenyama, nakhona hhayi inyama nje, akube eyosiwe. Nempela lasuka futhi ibandla lansondo selibheke enyameni eyosiwe. Lapha izikhathi zase ziyela ehoreni lesine ntambama.

UMholi wayengasahambi wayendiza, uCasanova uhola ibandla, abanye babezihambela ngemumva bexoxa ngokuthi obani abashesha ukudakwa nokuthi uma ngabe utshwala buyavalwa kungamele nempilo ivalwe ngoba abasayazi intakasi nontokozo abayizwayo, sebeyifunga njengenkosazane endala ekhaya. Kwahlalwa-ke endaweni yenyama notshwala kwaze kwashaya izikhathi zokuhlwa. Kwathi uma kushoshela ko-7 izikhathi lwabe selusho futhi ucingo lukaMholi ephaketheni. Nempela alubambe, nalapho useqala ukumemeza nokungakwazi ukuma kahle aqonde njengothi lomkhonto.

"Ungangitsheli ukuthi awukakasuki endlini namanje." Kusho uMholi kuNondumiso engakambuzi nokuthi usuku lube njani.

"Cha iyeke sthandwa le ndlela odlala ngayo. Ngihlezi ngikukhuza ngithi iyeke." Kubalisa uNondumiso ocingweni.

155

"Sengidlale ngenzani manje mina kodwa *babes* ngoba phela ngizidlela inyama la?" Kubuza uMholi ngokukhulu ukujabula okubhangqene nokudideka kancane.

"Angithi kade wenza le nto yakho la yokungingqongqozela uma ngithi ngena ujike ungangeni, habe, uyayithanda le nto yakho wena *babe*." Kuqhuba uNondumiso nokubalisa.

UMholi esaphezu kocingo waphazanyiswa isandla sikaCasanova simthinta ngemumva emhlane. Wathi uma ephenduka uMholi wabona uCasanova ehefuzela, wabe esemcela ngokumisa ngomunwe kuhle kuka-Azwindini kuMuvhango ukuthi akamlinde usasocingweni. UKhasenova wangayihhoya leyo naye waphika ngezandla ezama ukuveza ukuthi kuyaphuthuma.

"Kwenzenjani Casino, *boy*?" Kubuza uMholi kuCasanova, kwazise futhi negama lakhe wayengakalibambi kahle wayesalizwa kancane.

"Shesha ngamandla kunomuntu ophithizelayo laphana ekhaya lakho." Kubika uCasanova kuMholi.

Wathi angezwa lokho uMholi wabe esememeza sengathi usembhobheni, "Hhayi bo wemadoda! Musani ukuma lapho kuyantshontshwa kwami."

Bathi uma bephenduka bebona uCasanova emi noMholi futhi kubonakala ukuthi abamile – abalinde muntu ukuthi uyabezwa yini, wonke umuntu wasuka ngejubane. ULungelo owayeseqiwe utshwala kakhulu waphenya ngaphansi kombhede wathatha isagila nesimolontshisi. Nempela izinsizwa zaqonda kaMholi zisuka kwaNgubo. OMholi bafika kuqala benoCasanova, bathi uma bejikela emva kwendlu, "Wibo, u-Ayanda!" Kusho uCasanova kuMholi.

"Uyamazi?" Kubuza uMholi.

"Njengoba ngizazi, buka!" Kuphendula uCasanova efunga egomela.

"Thula, singamethusi." Kusho uMholi enyonyobela ngasewindini.

Ngaleso sikhathi u-Ayanda useketule izinsimbi zewindi uselungele nokungena. Uye loya ebeka nobhavu wokunwatela ewindini elaselikulungele ukufaka umzimba womuntu osekhulile. Iwindi angena kulo u-Ayanda laseliphelile ukuketulwa. Nempela kwaba yizikhindi ukungena kwakhe, kwazise kwakuwumsebenzi awujwayele. Wathi engangena phakathi base besuka uMholi noCasanova beyinhlamvu bebangisana ukoyongena emnyango. Bathi uma befika emnyango bama umzuzwana, uMholi wakhipha ukhiye wavula wabe esememeza noNondumiso ukuthi ngabe ukahle yini. Nempela bathi mabengena bamfica u-Ayanda ekhumula ibhulukwe khona ebumnyameni. Bakhexa imilomo babukana. Wathi uma eqeda ukukhumula ibhulukwe wabe esezishaya phansi. Basondela. Kwathi kusenjalo labe selithelekile iqulu. ULungelo akabange esabuza lutho, wavele wangena ngesagila ku-Ayanda khona elele enjalo. USandiso naye wamngena ngesibhakela emazinyweni ekhala nangokuthi lamazinyo amagolide awafakile u-Ayanda awamfanele ngoba ayabiza – impela, wamshaya ngesibhakela

157

waze wakhuzwa ethi uyawakhipha. Kwaqala kwaba nesixongololo endlini noma ubani efuna ukuchaza, abuze, adelele noma athuke. Kwase kukhanya manje ngaphakathi nendlu isishunqa izintuli nesililo sika-Ayanda nabamaziyo ngapha bathi akaxolelwe ngoba akantshontshi ngasekhaya untshontsha emadolobheni. Akekho owafisa ukuwuzwa lo mbono kaNqo, wonke umuntu wayesethi alibulawe leli sela. UMholi wasondela ku-Ayanda wamqhumisa ngempama ekuthiwa inezinkanyezi. Wathatha ibhulukwe lakhe walivula amaphakethe. Wathi uma efika kulo wathola imali engango R832.20 kanye nocingo lwe-Iphone olumnyama, isinqamu sikagwayi wePacific Kanye nomthunzi wezinkukhu. Wabe esembuza kahle.

"Ufunani ndoda la?" Kubuza uMholi ku-Ayanda.

"Ungixolele bhuti, mina bengingazi ukuthi kuhlala abantu la, mina bengazi ukuthi kuzihlalela kodwa." Kuphendula u-Ayanda esula igazi ngesidwedwe.

"Angithi ufike kukhanya? Yake yakhanya indawo engahlali muntu?"

"Kukhanyisa okweJerusalema layikhaya, akekho umuntu ongaboni ukuthi kunabantu la ekhaya." Kungenelela uSandiso obefuna amazinyo egolide.

"Cha, bafo. Kodwa ngempela ngempela mina bengizilalela nje." Kuphendula u-Ayanda.

"Uze uketule iwindi pho?" Kuqhuba uMholi.

"Inamanga le nja." Kungenelela uLungelo wesagila. Kwathi kusenjalo kwabe sekungena uSipho naye ongubhuti wendawo obekade naye ethi uzobheka ukuthi izinsizwa zisahlangene yini njengoba bezihlangene emini. Nempela wathi uma engena wahlahla amehlo ethuswa ubuningi babantu. Wangena wabingelala, wasondela.

"Amehlo ami yini! Akusiye lo mjita ongibambe inkunzi edolobheni ehamba nabangani bakhe. Kumanje angina-*Iphone* mina nemali ebengithi sizoyiphuza yami majita ewu R850 ayikho." Kubalisa uSipho ngomlomo okhafula iphunga lesiqatha nemboza, nowathi uma ezama ukugadla kuAyanda wageja wavuka phansi.

"Isiyalile phela ikhorona yasivulela utshwala, namuhla ngeke silale ngenxa yabo!" Kubabaza umama wendawo phambi komnyango ocingweni lwakhe ethinta amaphoyisa.

Umsebenzi wokuzicijisa

A. Imibuzo emifishane

1. Ubani lona umbhali athi bekumnandi engekho? Nikeza isifengqo esisetshenzisiwe kulesi sihloko.
2. Ake unikeze izinhlobo ezimbili zotshwala ebezenziwa emakhaya ngenkathi izwe livaliwe?
3. Ubani esingathi ungumlingiswa oqavile kule ndaba? Sekela umbono wakho.
4. Nikeza isizinda sale ndaba ngokugcwele.
5. Veza ukushayisana kwangaphakathi nokwangaphandle esikuthola kule ndaba.
6. Zazihlangene kwabani izinsizwa ezazizibusisa?
7. Ubani lona obanjwa emzini kaMholi Mdletshe egqekeza?
8. Kwakungubani intombi kaMholi?
9. Kungani amanz'amponjwana ayevaliwe izwe lonke?
10. Isho ukuthini le nkulumo?
    a) Kwamachanca
    b) Oskhwili phambana nobhoko.
    c) Ungibuze ungiphale ulimi.
    d) Ukubhongela emswanini.
    e) Imali ayiluthezi olunenkume.
    f) Ukunyanyalata
    g) Ukuzitika
    h) Amancoko
    i) Yonke insipho iyawasha.
    j) Ukubamba inkunzi.
11. Ubani uCasanova?

12. Ake unike izithako zokwenza i-Hunters, ngokusho
    kukambhali.
13. Kungani usuku lwangoMsombuluko lungumzondwase
    kunoma ubani?
14. Kungani utshwala bebubiza kangaka ngenkathi izwe livalwe
    thaqa?
15. Ubani umqhathi kule ndaba?
16. Ngabe le ndaba ilandwa ngumlandi wokuqala, wesibili noma
    wesithathu? Sekela impendulo yakho.

Ukhuvethe lwansondo

Menzi Z. Thango

Baqinisile abadala uma bethi ungabovama ukuthi ngiyonibona kusasa, kepha kungcono uthi ngiyonibona kusasa nxa iNkosi ivuma, ngoba awazi noma uzovuka kuphela kungumusa kaJehova ukuphila kwakho. Kunjalo nokufika kwalo mkhuhlanekazi ohlasele leli lengabadi. Sathi singazelele sezwa sekumenyezelwa ukuthi nakuleli sekukhona umuntu onokhuvethe. Wonke umuntu amaphaphu ayephezulu. Abasebenzayo base bemanqikanqika ukuya emsebenzini ngenxa yokwesabela impilo yabo.

Kwanele kwamenyezelwa ukuvalwa kwezwe, wowu! Sabona ngojosaka sebetshethwe kuyiwa emarenki sekuyogitshelwa. Ingani ukhuvethe selukhumbuza amabhunguka ukuthi abuyele emakhaya. Ngiyazisa ngamaqhude ayengasalali emakhaya ebikezela ukubuya kwamahuzu eGoli, ePitoli, eKapa, njll. Phela kwase kuhamba ngisho nesinedolo. Mina ngase ngidabukela abasemakhaya, ababezojabula uma bebona izingane zabo kanti phinde, kazizile ukuzobabona kepha zizocashela ukhuvethe. Impela abantu bayinqaba. Besaba ukufa ngendlela yokuthi baze bakhohlwe ukuvikela abanye. Akekho owayesacabanga ukuthi mhlawumbe uhamba nje uphethe ukhuvethe uluhambisa ekhaya. Kwakusiza ngani nje ukubalekela emakhaya ngoba ukufa uma sekufikile kufikile? Noma ungangena ngaphansi komhlaba ucashe, okusalayo uzofa uma sekumele ufe.

Ukuphila komuntu akukho ezandleni zakhe. Ukuphila komuntu kusezandleni zongabonwayo, uMdali weZulu noMhlaba. Nokho kuyamangaza ukubona ukuthi abantu bacabanga ukuthi bayaziphilela nje. Siphila nje, sifana nezintuthwane kuMdali. Nguye owazi ukuphila kwethu. Yebo kuhle ukuzinakekela, sizithande njengoba noHulumeni esiyala ukuba sigeze izandla, sifake izifonyo, sihlanze izindawo esihlala kuzo. Ave kuhlekisa ukubona ukuthi kanti abantu bakwesaba kangaka ukufa. Uzwa umuntu ekhala ngekhanda noma umkhuhlane, bese umuzwa esesola ukhuvethe kanti umkhuhlane nje lona wemvelo. Angisayiphathi eyontaba kayikhonjwa, sengisho bona kanye abantu abadala abangafuni ukusuka ezikhundleni eziphezulu ekubeni bezibona ukuthi sebeshonelwe lilanga. Inkosi impela ukhuvethe lusibonise okuningi ebesingakuboni. Besihlezi, sizitshela ukuthi konke kuhamba kahle kanti phinde besizikhohlisa. Ziningi izinto esivuleke kuzo amehlo.

Okokuqala yindaba yamasiko ethu thina sizwe esimpisholo. Lesi sifo siveze ngokusobala ukuthi amasiko ethu awasho lutho kuHulumeni wentando yabantu. Umbuzo ohamba phambili yilona othi, "kanti lo Hulumeni esithi owentando yabantu, ibaphi labo bantu ayintando yabo?" Yithi? Yibo? Obani bona? Ngoba thina asiziboni simelwe lapha, kuphela siyachilizwa nje. Imibono yethu, nobuthina kushaywa indiva. Imibono ehamba phambili yileyo yoklebe. Labo phela bokufika, sengisho izifikanamthwalo, ondlebe zikhanya ilanga. Yibo ongqoshishilizi lapha kwelakithi. Wathi uHulumeni mhla evala ukusebenza kwezwe, wathi imishado imisiwe, imicimbi yesintu, kanye neminye eyejwayelekile imisiwe, amasonto amisiwe, konke nokunye okuningi kwavalwa thaqa. Okungikhathaza kakhulu yilokhu kwesintu, okufaka phakathi amadlozi. Yebo sabona amasonto ekhala, uHulumeni wawalalela, avulwa amasonto ngaphansi kwemigomo ethile. Umbuzo ogqamayo kimi yilona othi: pho kanti thina namasiko ethu sasikhala okunjani njengoba singakaze silalelwe? Yingoba siyabhibhidla? Sikhuluma inganekwane? Yini kanti? Asibona abantu thina?

Okwesibili yilesi sigameko lapho khona amaphoyisa engena ngezicathulo kusinagoge lamaSulumane, uNgqongqoshe wayoxolisa ngokudelelwa kosiko lwamaSulumane kodwa akaxolisanga lapho amaphoyisa engene emsamu wabantu bamaZulu, achitha utshwala babo, nenyama yanikwa izinja. Ukumbiwa kwamathuna eGoli kuphikisana namasiko ethu. Umuntu akambelwa ithuna esaphila. Lona umkhuba, futhi lichilo kithina njengendlu ensundu, uHulumeni wedelela amasiko ethu. Ngisho noma izwe selisesigabeni sokuqala somvalelwandlini kodwa amasiko afana nokweluka, umkhosi womhlanga, kanye neminye imigubho kusavaliwe, lokhu kukhombisa ukungahloniphi izinkolelo zethu thina bantu abansundu, kanye nokusibukela phansi.

Ubani ongazi ukuthi umshado wesintu awuhlehliswa ngoba usuke usubikiwe kwabadala? Ingabe asikwazi lokho noma siyazenzisa? Senziwa yini ukuba silahle okwethu bese sigijimela okwezizwe? Yini ngempela? Ukufunda kakhulu? Impucuzeko? Ivelaphi leyo mpucuzeko? Eyethu? Eyakithi? Eyakobani? Thina sizwe esimpisholo silimele. Asilinyazwanga muntu kepha sizilimaze thina uqobo. Akekho umuntu osibambe ngenkani wathi asiyeke amasiko ethu. Imfundo masingayisukeli, ayenzanga lutho. Umuntu nguye uqobo isitha sakhe. Uma umuntu enenhliziyo embi, nezinto zakhe naye zizohamba kabi ngenxa yenhliziyo yakhe. Thina bantu abampisholo, siyazenyanya, asizithandi nhlobo. Lokhu ukubona ngokuthi simonelane sodwa. Uma owakithi ephumelela, asimjabuleli kepha siyamzonda siphinde simdicilele phansi.

UMdala wezinsuku wadala umuntu ukuba aphile emhlabeni abuse. Akekho umuntu owadalelwa ukuvalelwa endlini afane nesiboshwa. Yebo bekumele uHulumeni enze izindlela zokuvikela umphakathi. Nokho kulishwa ukuthi into eqale iyinhle, ekugcineni iphenduke yaba yimbi. Okokuqala ukuthi abantu bazithole bevalelwa ezindlini. Amasosha nawo engazibekile phansi ebhonya abantu ethi ababuyele emakhaya beyohlala ezindlini. Ziningi izinto ebezenzeka emakhaya. Abathandanayo bebehlala usuku lonke bebukana engekho oshenxayo. Babodwa abebebuzana ukuthi, 'ungibukani, kunini ungibuka?' lapho-ke ibisuke isisukile ngiyakutshela. Akekho okhuza omunye, yilowo ukhwela uyazehlela komunye. Ingani abejwayele ukuhlala usuku lonke ndawonye. Ngakolunye uhlangothi, abanye abathandanayo abakade befisa ukuhlala ndawonye bebejabule ngenye indlela. Uthando lwabo luvuke lwama ngezinyawo, kwajabha izitha. Iyodwa into ebisisele, ukuthi baphume bayoshawa umoya. Pho-ke, nanku umvalelwandlini ububhokile kungekho ukuyaphi. Engikuthandayo lapha ukuthi uthando luqinisiwe, lwabaselwa ngeklobe.

165

Ngiyazisa bakithi ngobaba abadala, abangejwayele ukuhlala ezindlini. Impilo yabo ivele yamuncu, wena owabona incwancwa. Bese bephila impilo yokujika nelanga. Uma bevuka ekuseni, bayageza, bayadla bese beyothamela isicelu. Akukho ukuphuma ngaphandle beyobona abangani noma beyophuza isiqatha. Cha, lutho eLuthela. Obekumele bakwenze ukuhlala emakhaya. Bekunzima ngiyakutshela. Izifo zivuke zama ngezinyawo, ingani ingqondo isisebenza kakhulu. Kusukela ekuseni kuyacatshangwa. Umuntu acabange aze akhumbule inkulumo yakudala. Umuzwe esephimisela ethi: "Uyazi lona wayengijwayela kabi…, wayethini uma ethi…. Cha, kumele ngimfonele angitshele kahle." Nkosi yami naye akazenzi, wenziwa yiwo umvalelwandlini lona osumphendule uhlanya.

Abanye ngapha nabo umvalelwandlini awubanike thuba. Bacabanga izinkinga zabo. Bacabanga izikweletu. Abanye bakithi, balahlekelwe yimisebenzi. Ngenxa yalo mvalelwandlini, sebephenduke omahlalela. Yinto ebuhlungu lena ngoba akekho obazi ukuthi kulo nyaka kuzoba njena. Wonke umuntu ubenezinhlelo ezinhle azibekele lo nyaka kodwa ngenxa yempilo nekusasa layo elingaziwa, nakhu namhlanje siyizekela amagwababa. Ukhwantalala nalo aluzibekile phansi. Akudlali phela ukucabanga iminjunju usuku lonke. Inhliziyo ima manje, kubizwe i-ambulensi ngokushesha, nakhu phela umuntu usequlekile. Uyophuthunyiswa esibhedlela njalo. Sona kanye isibhedlela lesi esinokhuvethe. Akwaziwa noma uzobuya emsulwa noma uyobe esephethwe ukhuvethe lwansondo.

Ukulala emini nakho akunqandeki, isikhathi sivumile futhi kuyaphoqa. Kwabanye yilo ithuba lokuphumula, phela basebenza kanzima ngoba basuke befuna ukubeka isinkwa etafuleni. Uma sekufike leso sikhathi, uzwa nje lelele. Lapho uyazi ukuthi sekunjalo. Sekuyileso sikhathi, isikhathi sokuvakashela ezweni eliluhlaza cwe. Babodwa abaphupha bebaleka, abanye baphupha bendiza, abanye baphupha bedutshulwa. Ngeke uyiqede imikhuba yokulala emini kanye namaphupho akhona othi uma uwaxoxa nawe uzwe ukuthi ayinamqondo le nto engiyixoxayo. Kwanami mina mnikazi walo leli phupho kangilizwa ukuthi lithini. Pho ungabe usaxoxa uthini nxa wazi ukuthi uphuphe imbudane?

Ngakolunye uhlangothi imingcwabo nayo kuthiwa abantu abayihambele bangedluli abangamashumi amahlanu. Isidumbu asilali ekhaya, sifika ekuseni futhi asibonwa. Izinkonzo zomlindelo nazo azivunyelwe, abafisa ukuyosiza emangcwabeni nabo bavinjwe yilo mthetho. Ngakolunye uhlangothi, imingcwabo yosaziwayo naleyo yezigayigayi zepolitiki yona ibanjwa njengenjwayelo. Akukho okushintshile kubo. Umbuzo ogqamayo kunoma ubani yilowo wokuthi, kanti le mithetho ibekelwe obani? Ibekelwe thina ziduphunga zendawo? Bese kuthi izihlakaniphi zona ziqhubeke nempilo yazo? Cha impela baqinisile uma bethi osopolitiki yimigulukudu nje ehlale izibheke yona kuphela. Wake wezwaphi ukuthi umholi akhombe indlela aphinde ajike? Ingabe umholi lowo? Uhola bani kanti uma engahambi phambili enze lokhu okumele isizwe sikwenze?

Le mithetho ithini ngesiko lomuntu ompisholo? Isidumbu angithi kumele silale ekhaya? Umufi naye kumele aziswe ukuthi nakhu ekhaya. Uma ashonela endaweni ethile, alandwe ngehlahla lomphafa alethwe kubo noma kwakhe. Pho lokhu kuvelaphi? Sesingabelungu manje? Bona abalanda isidumbu ekuseni basise esontweni? Yimikhuba yakobani ngempela lena? Yonke into sekuvele kuthiwe ukhuvethe? Ingani siyazi ukuthi kumele sizivikele, pho impilo imiselwani? Ukugeza izandla kudala sizigeza, asiqalanga ngokhuvethe. Ukuhlala endaweni ehlanzekile usikompilo lomuntu lolo, ukhuvethe alungene ndawo. Ngisho nalabo asebefuna ukufeza izinhloso zabo sebevika ngokhuvethe.

Emisebenzini kaHulumeni, izisebenzi zikaHulumeni nazo zicasha ngokhuvethe. Kukhona okwathi kungakashaywa ngisho umthetho wokusebenzela emakhaya, bona base behlezi emakhaya bethi basebenzela khona. Umuntu esho ehubhuza aluhlaza cwe amanga. Usebenza kanjani ekhaya ube ushiye izinto zokusebenza emsebenzini? Uyalala uvuka ngehora le-10, kodwa uthi uyasebenza? Usebenza nini ngoba awutholakali nasocingweni uma ufuneka emsebenzini? Kusobala ukuthi abantu bazitholele amaholidi amahhala lapha. Amavila ajabule ayafa. Phela ngenxa yeminyaka nje, kanye nezifo ezithile umuntu kuthiwa akasebenzele ekhaya. Ngisho nabangenalutho sebethatha amashansi.

Ewu ngiyazisa ngezingane zethu ezifuna imisebenzi kepha zivinjelwe amavila kaHulumeni angafuni ukusebenza kepha izikhundla eziphezulu nemali ayakufuna. Ngenxa nje yalolu khuvethe, impela silithwele idombolo elishisayo. UHulumeni naye uvele obala ukuthi akanandaba nomuntu ompisholo kanye nezidingo zakhe. Kuphume izizumbulu zemali ebekuhloswe ngayo ukuthenga izinsiza zokusebenza njengoba sihlaselwe yilolu bhubhane. Pho-ke, siphethwe ngobani, bayidla bayiqeda imali yomphakathi. Umphakathi wasala unkemile, uncela nezithupha. Sebeshaye bachitha oklebe nemali. Abanye babo awukho nomsebenzi abawenzile, bazidlele imali bavala imilomo. Izingane zezikhulu zikaHulumeni, izihlobo zezikhulu, basine bazibethela ngemali yomphakathi. Kunamuhla, yilowo nalowo ukhomba omunye bese evikela iso lakhe. Akekho ovumayo ukuthi wonile, bonke bayaphika. Maye khuvethe lwansondo, wayenza indaba! Ngiyokukhohlwa ngikobandayo.

Umsebenzi wokuzicijisa

A. Imibuzo emifishane

1. Sifo sini lesi esadala kube nomvalelwandlini?
2. Obani laba abathanda izikhundla kangaka, baze bangafuni nokuyeka emsebenzini nakuba behluleka?
3. Nikeza izigameko ezintathu ezenza umbhali athi amasiko abansundu adelelekile ngesikhathi sokhuvethe?
4. Ake unikeze ngemiphumela emihlanu emibi yokhuvethe?
5. Yisiphi lesi sikhungo lapho kutholakala kakhulu lesi sifo sokhuvethe?
6. Bekuvunyelwe abantu abangaki emingcwabeni ngesikhathi sokhuvethe?
7. Imiphi le mingcwabo ebingalandeli imithetho kaHulumeni?
8. Imiphi le mikhuba emibi ebiyenziwa yizisebenzi zikaHulumeni ngesikhathi kubhoke lolu khuvethe?
9. Kungabe obani laba abadla imali yokuthenga izinsiza zokuvikela umphakathi kulolu khuvethe?
10. Lolu khuvethe beluyingozi kakhulu kubantu abanaziphi izifo?
11. Hlaziya le nkulumo elandelayo.
    a) Ukhuvethe
    b) Ontabakayikhonjwa
    c) Izifikanamthwalo
    d) Ukubhibhidla
    e) Ukuchiliza
    f) Ichilo
    g) Incwancwa

170

h) Abampisholo

i) Izizumbulu

j) Impucuko

12. Ibaphi abantu ebekuthiwe mabasebenzele emakhaya ngesikhathi ukhuvethe lusabhokile?

13. Kungabe umuntu oshone ngenxa yokhuvethe uyangeniswa yini ekhaya? Sekela impendulo yakho.

14. Ngobani laba abangajwayele neze ukuhlala ekhaya ngokusho kombhali?

15. Wena lukuhlukumeze kanjani lolu khuvethe lwansondo? Bhala amaphuzu abemahlanu.

B. Imibuzo emide

Bhala indaba uchaze ukuthi umbhali uthi ukhuvethe lwahlukumeza umphakathi kanjani.

Kumnyama kukhanya

C.L. Zwane

"Njengoba sesibhalisile nje ngiyathemba amaphasela okudla esiwalindile sizowathola maduzane, uHulumeni uyazwelana nathi, ikakhulu thina zakhamuzi esizihluphekelayo nezingasebenzi, njengoba kwami sekuphele konke ukudla emakhabetheni nasefrijini. Amakhabethe aseguduza amaphela kanti ifriji sengize ngayicisha, kwazise ibisiduma namanzi kuphela." Asho ngelikhulu ithemba uMandlela, ubuso bakhe bukhombise injabulo, kwazise uyamthemba uHulumeni obusayo. Ukhuluma kanjena nje uMandlela baphuma esitolo esiseduzane nomakhelwane wakhe uMaShange. Isitolo abaphuma kuso siseduzane nehholo lapho kwakugcwele khona kunyamfuka ngesikhathi beyobhalisa amaphasela okudla. Babevuke ekuseni ngovivi ngehora lesi-4 baya khona, kwazise babefuna ukuba phambili kulayini.

"Nami nginalo ithemba elincane makhelwane phela izigidigidi zemali ezimenyezeliwe uHulumeni emsakazweni nakumabonakude wathembisa ukuthi izosetshenziselwa ukuthengela thina miphakathi eswele amaphasela okudla, mhlawumbe lokudla ngendlela imali eningi ngakhona emenyezeliwe, umuntu uyobe ekugquba ngamabhala ukudla uma sekumenyezeliwe ukuthi asizokulanda ezinsukwini ezimbalwa," esho ehleka uMaShange ebheka uMaNdlela.

172

Bahamba bayaxoxa, basakhumbula kahle ukuthi ehholo ababebhalise kulo laligcwele lichichima abantu baze banikezwa izinombolo kwathiwa labo abangezukukwazi ukubhalisa kumele babuye ngakusasa ukuze bazothola ithuba lokubhalisa, futhi ababebhalisa baqinisekisa ukuthi kuzolokhu kuqhutshekiwe nokubhalisa ukuze bonke abantu bathole amaphasela okudla, ukuze bangabulawa indlala ngalesi sikhathi sobhubhane lekhovidi, kwazise uMengameli wayememezele ukuthi izwe lizoba ne-*lockdown* izinsuku ezingama-21. Emva kokuba uMengameli amemezela ukuthi kuzoba ne-*lockdown* iminyango eminingi kaHulumeni, amanyuvesi nezinkampani ezizimele kwabe sekumemezela ukuthi akuzukuyiwa, ezikoleni, nasemisebenzini ngaphandle kwalabo ababizwa ngokuthi ama-*essentilal workers* okubalwa kubo onesi, odokotela, amaphoyisa, amasotsha, onogada, abasebenza ezitolo ezidayisa ukudla okuhlaza, abasebenzi basemakhemisi nabanye.

"Asethembe makhelwane ukuthi la maphasela okudla njengoba ezosiza kakhulu imiphakathi yakithi ngalesi sikhathi se-*lockdown* azotholwa abantu abafanelekile futhi ngesikhathi. Ukumenyezelwa kokuthi abantu bazothola la maphasela okudla kube umqondo omuhle, kwazise njengoba abanye abantu abaningi bazobe bengasebenzi abazukukwazi ukuhola, okuzosho ukuthi abezukuba nayo imali yokuthenga ukudla. Njengoba nezinkampani ezizimele nosomabhizinisi bethembisile ukuthi bazofaka isandla kuyakhombisa ukuthi abantu basenabo ubuntu. Mina ngiyafisa sengathi noma sekutholakele ikhambi lokwelapha ubhubhane lekhovidi, kwaphela ne-*lockdown*, uHulumeni, nezinkampani ezizimele nosomabhizinisi baqhubeke basize

173

imindeni eyentulayo ngamaphasela okudla, kwazise eminye imindeni selokhu kwathi nhlo kuyafana nokuthi ikwi-*lockdown*, eminye imindeni iphila ngemali yezimpesheni yogogo nomkhulu, nalabo abayiholayo ngokugula; eminye imindeni iphila ngemali yeqolo eholelwa izingane." Kuphawula uMaNdlela ebukeka ekuqonda kahle lokho akushoyo.

"Ungalisho uliphinde lelo Mandlela phela abantu bakithi bayahlupheka kakhulu bayaludinga usizo lwezijumbana zokudla nsuku zonke. Nami ngifisa kanjalo sengathi kungaqhubeka nangemuva kwe-*lockdown*, kanti futhi nanemali uHulumeni ayinyusile sengathi angayelula ingabe isanqamuka phela, kwazise abantu abaningi njengoba nemali isinyukile eyempesheni neyeqolo nezidingo zabo zizonyuka okuzokwenza kube nzima kakhulu ukuphila uma iphinda le mali inqanyulwa." Esho ebheka uMaNdlela uMashange.

Bakhuluma nje uMaNdlela noMaShange banethemba lokuthi ngoba kwahamba kahle ukubhalisela amaphasela okudla noma sekumele bezowathola kuzophinde kuhambe kahle futhi, sebeyasondela emakhaya. Basakhumbula ukuthi ngesikhathi beyobhalisa baze balamba ngisho ukulamba, kwazise ukubhaliswa kwabantu kwaze kwaqala ngehora lesishiyigalombili nakhona abantu bathi ukuphushana befuna ukungena phambili kolayini kwaze kwasiza ukuthi labo ababebhalisa amaphasela okudla baze babanikeza izinombolo base bebamemeza ngokusebenzisa zona. Izitulo ezazikhona ehholo zaze zaphela ngenxa yokuba baningi kwabantu, abanye babegcwele ngaphandle kwehholo ngisho nangaphandle

174

kwesango. Okwasiza abanye abantu ukuthi baziphathela ezabo izitulo zokuhlala, kwazise olayini babengasheshi kakhulu. Labo ababebhalisa amaphasela okudla babeqinisekisa ukuthi abantu phakathi kwabo bashiya ibanga elingamamitha ama-1,5 baphinde babacela ukuthi izifonyo zabo bazifake ngendlela zimboze umlomo namakhala. Kwakukhona nabafutha abantu ngama-sanitizer uma bengena ehholo. Izitulo phakathi ehholo zaziqhelelene ngamamitha ama-1.5.

"Enye into engayithanda ukuthi imiyalelo mayelana nokuvikeleka kubhubhane lwekhovidi abebebhalisa babeyilandela makhelwane futhi babelokhu besicelile ukuba singazikhumuli izimfonyo, sishiye ibanga elingamamitha afanele bese besifutha nge-sanitisier ezandleni ukuze i-sanitiser izobulala amagciwane. Nama-sanitiser ababewaphethe ayene-alcohol engamaphesenti angama-70." Washo ehlikihla izandla uMandlela.

"Ngivumelana nawe MaNdlela mayelana nokugcinwa kwemithetho yobhubhane lwekhovidi, nalabo abambalwa ababengafuni ukuyilandela ngenxa yokubona ukuthi ababebhalisa babengazibekile phansi ngokuthi ilandelwe wonke umuntu wagcina eseyilandela. Asithembe ukuthi ngeke kwenzeke okunye uma sekumele sithole amaphasela okudla makhelwane, phela siwadinga kakhulu." Esho enikina ikhanda uMaShange.

Bakhuluma kanjena nje uMaNdlela noMaShange balokhu bekhombisa ukuthi banethemba elikhulu lokuthi ngempela konke kuzohamba kahle mayelana namaphasela okudla okumele bawathole, kwazise bezwe kahle kuthiwa ziningi kakhulu izigidi

175

ezikhishwe uHulumeni wathi, ingakho nje kubhaliswe abantu ukuze bazothola amaphasela okudla bese bayanikezwa njengokwezidingo zabo.

"Njengoba noMazibuko emisiwe emsebenzini kanti futhi emsebenzini wabo enkontilakini lapho abamba khona amatoho kuyaziwa ukuthi awuholi ungasebenzanga, kungaba nzima kakhulu uma singeke siwathole amaphasela okudla." Kusho uMaNdlela.

"Nakwami kungaba nzima makhelwane, kwazise emakhishini lapho ngisebenza khona bathe angime kancane kuzobonakala ukuthi kwenzakalani kuze kubonakale ukuthi kwenzakalani ngendaba ye-*lockdown*. Njengoba noNokuzola ebuyile eyunivesithi uzothembela kimi ukuthi ngenze njani njengomama wakhe." kubalisa uMaShange.

"Kwami angiboni ukuthi le madlana encane kaKhalakunzima ingakwazi ukusisiza sobathathu nobaba wakhe, kwazise incane kakhulu. La maphasela okudla ayokwenza umsebenzi omkhulu kakhulu." Kuphawula uMaNdlela.

UMaShange abe esethi: "Njengoba kwami ngimile emsebenzini kusho ukuthi singasebenzisa imadlana kaNokuzola ayithola enyuvesi yoxhaso lwabafundi, kwazise uthe kuthiwe le mali abayitholayo nyanga zonke yokudla ayizukunqamuka bazoqhubeka babafakele."

"Asethembe ukuthi lokhu akushilo amaYunivesithi azokugcina, kwazise lezi zimali ezitholwa abafundi emayunivesithi zokudla zibamba iqhaza elikhulu ezimpilweni zabo abanye abafundi

176

uthola ukuthi bahlephula kuyo yona le mali engekho ye-NSFSAS nemifundaze bayithumele ekhaya ukuze kupheshapheshwe ezinye izinto ngoba basuke bazi ukuthi isimo basishiye sinjani." uMaNdlela enika ithemba uMaShange.

Bakhuluma nje uMaNdlela noMaShange sebeyasondela kakhulu ngasemizini yabo, phela bangomakhelwana abangahlukaniswe mizi. Bathi befika bezongena esangweni kanti nangu uNokuzola ubalindele. Bama isikhashana bathi ukuxoxa naye.

"Sanibonani mama uMaNdlela." Kubingelela uNokuzola.

"Yebo, sawubona ndodakazi." Kuvuma uMandlela.

"Senihambe nabuya esitolo." UNokuzola ebuza uMandlela nonina uMaShange.

"Yebo, sesihambe sabuya ndodakazi." Kuphendula uMaShange.

"Ake ningixoxele kahle ninobabili, nahamba kahle kodwa ukuyobhalisela amaphasela okudla? Kwahamba kahle konke enanikuyele ehholo ngoba navuka ngesikabhadakazi?" Kubuza uNokuzola.

Nangempela bamxoxela uNokuzola mayelana nakho konke mayelana nohambo lwabo oMaNdlela noMashange.

"Ngiyathokoza ngoba konke kwahamba kahle, ngiyafisa sengathi konke kungahamba njengoba nithenjisiwe nangendlela enethemba ngayo ngamaphasela okudla." Kusho uNokuzola.

"Sesothintana MaNdlela uma sesibizwa ukuthi asiyolanda ukudla. Nawe ndodakazi wosibekela indlebe, kwazise isinamuva likholwa yizagila." Kusho uMaShange ebe edonsa isango kwakhe.

"Njengoba besithembisile asethembeni makhelwane." Kusho uMaNdlela

"Nakanjani nami ngizonibekela indlebe, njengoba ngisebenzisa izinkundla zokuxhumana, ngikhona nakuma-groups ehlukene, o-Whatsapp ngiyathemba kuzoba lula ukuthi ngisheshe ngizwe bese ngiyanazisa." Kubeka uNokuzola.

Ezintatha ngakusasa uSibongiseni nozakwabo abangamaphoyisa naye bahamba bayabheka ukuthi ngabe bonke abantu bayawulandela yini umthetho we-*lockdown*. Uma bethi bayaqalaza babona abantu bagquba ukudla ngamabhala neloli idiliza ukudla ehholo. Basondela khona eduzane kweloli ukuzwa ukuthi kwenzakalani

"Yeyi kwenzakalani lapha, nadiliza ukudla ngalesi sikhathi?" Kubuza uSibongiseni.

"Webaba bheka izindaba zakho uphume kithi." Kusho abantu abadiliza ukudla kwiloli benika abantu abahamba ngamabhala.

"Yeyi nina niyaphi naloku kudla enikuqhuba ngamabhala? Yimani nani lapha." Wemadoda qhubekani nokubheka izigebengu niphume kithi ngoba uma ningakwenzi lokhu kukhona okuzonithusa kusho abashayeli beloli.

"Nijwayele ukuhambe nithusa abantu niyazi ukuthi thina singanibopha manje?" Kusho uSibongiseni.

"Nobopha abangani benu." Kusasho abantu abafike ngeloli.

"Fona lapho Mdlolo ufonele esiteshini samaphoyisa usho ukuthi sidinga ukuthi bezosilekelea sizobopha nazi izephulamthetho." Kusho uSibongiseni kuzakwabo uMdlolo.

"Le nto singayikhuluma njengamadoda, sicela utshele uzakwen angafoneli esiteshini." Kusho omunye umshayeli weloli kuSibongiseni.

Nangempela uSibongiseni atshele uMdlolo ukuthi akame kancane ukufona ezozwa ukuthi laba bantu bafuna ukuthini kubo manje.

"Nithe singakhuluma njengamadoda khulumani-ke njengamadoda asinaso isikhathi sokudlala sisemsebenzini lapha." Kusho uSibongiseni.

"Mhlonishwa sicela ubambe lapha." Kusho omunye umshayeli weloli.

Avule phakathi uSibongiseni, uma ethi uyabheka imvulophu egcwele imali. Atshengise uMdlolo bakhulume bavumelane ngokuthi abayithathe le mali bese bephuma bephela kulaba bantu.

"Sheshisani ngale nto eniyenza lapha nihambe manje."

"Yebo, sayitsheni sesiyahamba." Kuphendula omunye umshayeli weloli.

Nangempela abashayeli beloli badiliza konke ukudla ababekulayishile emva kwalokho bashaya bachitha.

179

USibongiseni noMdlolo ngemva kokuthola imali esemvulophini bavele baphela endaweni.

Ngakusasa fikiyane uMaShazi kwaMaNdlela ekuseni bavuswe wuye. UMaNdlela wathumela uKhalakunzima ukuba abize uMaShange njengoba uMaShazi acela ukuba bambize naye. UMaShazi lona ungumakhelwane wabo oMaNdlela noMaShange.

"Savuswa nguwe ekuseni kangaka MaShazi ngabe sekwenzenjani ngemali yesitokofela?" Kubuza uMaNdlela ekhombisa ukuthuka.

"Akwenzeke lutho bomakhelwane ngemali yesitokufela." Kuphendula uMaShazi.

"Indaba engiletha lapha bomakhelwane indaba yamaphasela okudla." Kuphendula uMaShazi.

"Kuthiwa ayatholakala yini namhlanje MaShazi? Phela lezo kungaba izindaba ezimnandi." Kubuza uMaNdlela ekhombisa ukujabula ebusweni.

"Lutho akushiwongo ukuthi ayatholakala namhlanje." Kuphendula uMaShazi ebonakala ukuthi ngathi kunento emphethe kabi.

"Njengoba ubukeka uphatheka kabi uMaNdlela uma ebuza indaba yamaphasela okudla kanti kuthiwani ngawo MaShazi? Kubuza uMaShange.

"Phela uMaDladla ngivuswe ucingo lwakhe engifonela wangixoxela izindaba ezishaqisayo ebusuku mayelana namaphasela okudla." Kuphawula uMaShazi.

"Woza nazo ntombazane silalele, kungabe usho uMaDladla lona ohlala eduzane nehholo lapho sasibhalisa khona ukudla?" Kubuza uMaShange.

"Yebo, yena impela into angixoxele yona ngamaphasela okudla angikayikholwa namanje, ngesikhathi eyixoxa bekungathi ngiyaphupha namanje kusenjalo." Kuphendula uMaShazi.

Kuthi ukuthuleka endlini. Bonke bamangele ukuthi ngempela ngabe kwenzeke njani ngamaphasela abo okudla abathenjiswe wona, kwazise izolo balale bengazwanga lutho kanti futhi namanje kusesekuseni kabi ukuthi kungathiwa mhlawumbe sebenikiwe ababhalisile basala bona. Okunye okubanika ithemba ngokuthi aseza awabo ukuthi bacele ngisho nabanye omakhelwane ababaziyo ukuthi uma bezwa kuqala uma esetholwa bahlabe umkhosi njengoba nabo bathembisa ukuthi bazokwenza kanjalo. NoNokuzola ubengakabatsheli lutho ukuthi kukhona akuzwile ezinkundleni zokuxhumana mayelana namaphasela okudla. Banokudideka uMaNdlela naMaShange.

"Uthi uzweni uMaDladla ngamaphasela okudla MaShazi?" Kubuza uMaNdlela.

"UMaDladla ungixoxele ukuthi bavuswe ubugudlugudlu ehholo." Kukhuluma uMaShazi ngokukhulu ukunengwa.

"Uthi kwenzekeni uMaDladla MaShazi?" UMaNdlela lowo obuzayo.

"UMaDladla uthi babone kunabantu ehholo ebusuku?" Kuphendula uMaShazi.

"Labo bantu abebesehholo ebusuku kazi bebenzani ngoba phela izinkonzo ngisho nemicimbi yasebusuku isavaliwe? Yiza nazo zishisa makhelwane." Kubuza uMaNdlela ebe ecijisa izindlebe ngoba efuna ukuzwa kahle.

"Uthe uMaDladla bekunaneloli enkulu ebingaphakathi egcekeni lase ehholo." Kubeka uMaShazi.

Kuthi ukuthulakala kancane, kwazise bafuna ukuzwa kahle oMaNdlela noMaShange ukuthi ngabe abantu abebesehholo, iloli nobugudlugudlu bekwenziwani.

"Iloli le ebikhona uthe uMaDladla ibiyenzani? Sheshisa ntombazane sekunzima ukulinda ukuzwa indaba yonke." Kusho uMaShange.

"UMaDladla uthe ngesikabhadakazi iloli kukhona ebekwehliswa kulo." UMaShazi lowo okhulumayo.

"Kwehliswa ini MaShazi ngabe mhlawumbe bekulethwa izitulo ezintsha yini ngoba phela leziya zitulo ezikhona sezithanda ukubuyela esitolo?" Kubuza uMaNdlela.

"Uthe uMaDladla bekwehliswa amaphasela okudla kwiloli?" uMaShazi lowo obuzayo?

"Manje njengoba uthi uMaDladla uthe bekukhona abantu ehholo kwafika neloli kwehliswa amaphasela okudla ngezabakhunkuli, manje yini singabizwa siyolanda amaphasela okudla ngoba esefikile." Kubuza uMaShange.

"Ngaze ngajabula, asheshile ukufika la maphasela okudla." UMaNdlela lowo okhombisa ukujabula.

"WeNtombi kaShange angalandwa ekuphi wona lawo maphasela okudla? UMaShazi lowo osebuza uMaShange.

"Wase ubuza mina manje angithi nguwena osixoxelayo MaShazi ukuthi alethiwe amaphasela okudla ehholo ngesikabhadakazi." Kusho uMaShange.

"Lawo maphasela okudla alethiwe ngesikabhadakazi kanti futhi awasekho." Kucacisa uMaShazi.

"We MaShazi, angisakuzwa mina manje. Uthe amaphasela okudla bawalethile ngeloli. Manje uthi futhi awasekho?" Kubuza uMaNdlela.

"Kunjalo bomakhelwane uMaDladla uthe bawalethile amaphasela okudla ngesikabhadakazi kodwa kukhona abantu abebekhona bemukeliswa wona abanye bebehamba ngezimoto bewalayisha khona, abanye bewagquba ngamabhala kanti abanye bebelokhu bewathuthile bewathwala emakhanda kwaze kwaba ukuthi ayaphela." Kugcizelela uMaShazi.

"Mhlawumbe lawo maphasela okudla abelethelwe bona labo bantu abebewathatha, mina nginethemba lokuthi awethu aseza." UMaShange lowo okhulumayo.

183

"Akukho maphasela ezayo lapha, kuthiwa la maphasela abetatshwa ngamabili ebusuku yiwona kanye lawo obekumele anikezwe umphakathi obubhalisile. Abeqhamuka kuHulumeni." UMaShazi uyabona ukuthi omakhelwane bakhe abayizwa kahle le nto ayishoyo manje.

Kwathi ukuthulakala sengathi kudlula ingelosi oMaNdlela noMaShange bathula, bayazibuza ukuthi ngabe kungenzeka ngempela ukuthi uMaShazi ngabe uqinisile ngokuthi la maphasela okudla abefikile yiwona lawa abevela kuHulumeni, elethelwe amalunga omphakathi abhalisile. Babuye babe nokukwethemba lokhu okushiwo uMaShazi, kwazise akusiye umuntu okhonze ukukhuluma amampunge. Babuye kodwa becabange ukuthi njengoba esho uMaShazi ukuthi uzwe ngoMaDladla, mhlawumbe kungenzeka ukuthi uMaDladla akabonanga kahle noma wuyena uMaShazi ongazwanga kahle.

"Ngabe unesiqiniseko MaShazi ukuthi uMaDladla uthi yonke le nto osixoxela yona uthe beyenzeka kuleli elethu ihholo?" Kubuza uMaNdlela kubonakala ukuthi usenokudangala okukhulu manje ngale ndaba.

"Yebo, kunjalo ngize ngambuzisisa uMaDladla ukuthi ngabe ubone kahle yini mayelana nalolu daba lwamaphasela okudla abengixoxele lona, waqinisekisa impela." UMaShazi asho ngokuzethemba ukuthi uzwe kahle impela ngesikhathi uMaDladla emxoxela lolu daba.

Bathi besahleli bexoxa uMaNdlela, uMaShange noMaShazi kungqongqoze umuntu maqede kungene uNokuzola. Uza nje kubo nje uyashesha kakhulu sengathi kukhona okwenzekile okuphuthumayo noma kunodaba okumele azolithula konina olungeke lusalinda. Uza nje uphethe umakhalekhukhwini wakhe ngesandla usondela nawo ulokhu ewubheka sengathi kukhona akubonayo kuwo angakukholwa. Bathule uMaNdlela, uMaShange noMaShazi sebebheke yena uNokuzola ukuthi ngabe yini lena abazela nayo.

"Mntanami weza usugijima kangaka sekwenzenjani?" Kubuza uMaShange endodakazini yakhe.

"Le nto engiyibona la ezinkundleni zokuxhumana angikayikholwa namanje, kanti futhi kukhona esengifonelene nabo bayiqinisekisa ukuthi iyiyona." UNokuzola ukhombisa ukuphatheka kabi.

"Kwenzenjani ndodakazi siphuthume." Kusho uMaNdlela ebe ewahlahla wonke amehlo.

"Lapha ezinkundleni zokuxhumana kugcwele indaba yamaphasela okudla." UNokuzola lowo ophendulayo.

"Nokuzola khuluma inkulumo ephelele. Kwenzenjani ngamaphasela okudla?" Unina lowo uMaShange obuzayo.

"Kuthiwa lapha ezinkundleni zokuxhumana afikile amaphasela okudla alethwe yiloli phakathi kwamabili." UNokuzola ephendula kodwa ekhombisa ebusweni ukuthi akamnandi neze futhi kukhona into engeyinhle eyenzekile ngendaba yamaphasela okudla.

"Kuthiwa enzenjani pho amaphasela okudla alethwe iloli? Nokuzola khuluma ndodakazi." Kusho uMaNdlela.

UMaShazi abone ukuthi kungenzeka ukuthi uNokuzola le ndaba akhuluma ngayo yeloli namaphasela okudla kungenzeka ukuthi yiyo kanye lena ayizwe ngoMaDladla Njengamanje njengoba bekhuluma uMaNdlela, uMaShange noNokuzola uthule nje uMaShazi ufuna ukuzwa kahle ukuthi yiziphi lezi uNokuzola eza nazo.

"Kuthiwa amaphasela okudla afikile." UNokuzola lowo ophendulayo ngomoya ophansi ekhombisa nokucobeka.

"Nokuzola awuvele ukhulume into ephelele, musa ukudlala ngathi sibadala." Kuphawula uMaShange.

"Kuthiwa lapha ezinkundleni zokuxhumana amaphasela okudla afike phakathi kwamabili elethwe iloli, ehholo lomphakathi kuleli enabhalisa kulo, bekukhona abantu abebekhona belindile ngaphambi kokufika kweloli ebilayishile kanti futhi ithe noma isifikile iloli kwakhona abantu abafikayo. Kuthiwa labo bantu abebekhona yibona abanikeziwe amaphasela okudla. Kuthiwa bebewathutha ngezimoto amabhala, izinqola abanye bewathwala bebuya kaningi kwaze kwaba ukuthi ayaphela wonke. Kuthiwa kuthe kungaphela amaphasela okudla abedilizwa kwiloli yabe isiyahamba khona phakathi kwamabili." UNokuzola exoxela onina.

"Ngabe bathi lawo maphasela okudla yilawo obekumele atholwe yithi ndodakazi?" Kubuza uMaNdlela ebonakala ukuthi udangele ngokusezingeni eliphezulu.

"Yebo, mama uMaNdlela kuthiwa la maphasela okudla afike phakathi kwamabili yiwona lawo obekumele atholwe umphakathi walapha endaweni obuwabhalisile." Kuchaza uNokuzola.

"Hawu Nokuzola uthini? Uyezwa kahle ukuthi uthini? Kungathathwa amaphasela ethu okudla kunikezwe abanye abantu singatshelwanga thina?" Ekhombisa ukudinwa manje uMaShange. Udinwa ukuthi kungadlalwa kanjani ngabo kangaka ekubeni kwaziwa kahle ukuthi ngoba kune-*lockdown* abantu bamisiwe emsebenzini kanti futhi bawadinga kakhulu la maphasela okudla."

"Aphi amanga ami makhosikazi?" Kubuza uMaShazi.

"Kahleni bo? Nokuzola noMaShazi uthi niyazizwa ukuthi nithini, amaphasela ethu okudla angahamba kanjalo-nje singazi nokuthi anikwe bani? Le nto ingenzeka kanjani ngempela?" UMaNdlela lowo ekhuluma ngokungakholwa.

"Nginibonile ukuthi aniyikholwa kahle le ndaba uma ngifika nayo nginixoxela." UMaShazi lowo okhulumayo.

"Kwaze kwadlalwa ngathi kusho ukuthi manje sizobhuqabhuqwa yilona ubhubhane lekhovidi bese siphinda sibhuqabhuqwa ubhubhane lwendlala. Bangayenza kanjani kodwa le nto ngoba phela uHulumeni wamemezela ukuthi ngoba nje kune-*lockdown* abantu bengezukusebenza bazothola amaphasela okudla azobasiza ukuze bakwazi ukubhekana nendlala ngesikhathi se-*lockdown*." UMaShange ophatheke kabi kakhulu ngale ndaba.

Kuphinde kuthi ukuthuleka, endlini uMaNdlela noMaShange bayazibuza bayaziphendula ukuthi ngabe bayaphupha yini ngale nto abayizwayo. Bayathatha bayabeka ngokomcabango ukuthi ngoba bese bethembele kula maphasela okudla ngabe ngempela bazokwenzenjani manje ukubhekana nendlala ehlasele emindenini yabo ngalesi sikhathi se-lockddown.

"Bangayenza kanjani le nto yokuthi kudlalwe ngathi kanje, thina asicelanga ukuthi kube nalolu bhubhane lekhovidi, asishongo ukuthi umengameli akamemezele ukuthi kuzoba ne-*lockdown*, asizange futhi sicele ukuthi kube namaphasela okudla okumele siwanikezwe, kwazise besizizamela. Uma kunjena kusho ukuthi kumele baqede le-*lockdown* sizobuyela emsebenzini siyoqhubeka nokuzitohozela." Kusho uMaShange ebonakala ukuthi iyamcika kakhulu le nto eyenzekayo.

"Uma kunje kwenziwa njani, kwaze kwanzima ezweni? Thina bantu abamnyama kuyadlalwa ngathi. EsiLungwini ngeke uthole kwenziwa yonke le nto. Kwenziwa kanjena kithi ngoba kuyaziwa ukuthi thina siyimidlalo yabo osopolitiki. Okwabonwa umuntu omnyama ohluphekayo kuleli lizwe laseNingizimu Afrika ngeke kubonwe muntu kanti futhi angikufiseli muntu. Yaze yabuhlungu le nto eyenziwe kithi ngizizwa ngiphelelwa amazwi uma kunjena." Ezikhalela uManNdlela.

"Kunjalo abantu abamnyama abahluphekile lapho behlonishwa khona lapha eNingizimu Afrika ilapho kumele kuyovotwa kuphele, bese belokhu benziwa izilima kuze kufike esinye isikhathi sokuvota, ngesikhathi kukhankaswa kuba sengathi bayathandwa kube kudlalwa ngabo. Kumele iphele nya le nto eyenziwa osopolitiki yokudlala ngathi." UMaShazi ekhuluma ngokunengeka.

Le ndaba yamaphasela okudla iyabadida bonke kanti futhi ibaphatha kabuhlungu, hhayi kuphela ngendlela yokuthi kukhona okungenziwa kahle ngokwezinto zePolitiki, kodwa futhi nangendlela yokuthi kubukelwa phansi ngamabomu abantu abamnyama abahluphekayo. INingizimu Afrika ayilona izwe elicebile. Njengoba inamazinga aphezulu okusweleka kwemisebenzi nokungalingani, leli lizwe kumele licabange ngokujulile mayelana nendlela okumele ngabo kusetshenziswa ngayo imali kaHulumeni nokunika abantu abampofu amaphasela okudla. Amaphasela okudla angabamba iqhaza elikhulu ekusizeni abantu abamnyama nabangenamali ngalesi sikhathi se-*lockdown* uma bewathola ngokufanelekile.

"Kuthiwe ngesikhathi kulandwa amaphasela okudla ngamabili ebusuku bekufonelana izihlobo nabangani bezithathela kuya emakhaya abo." UNokuzola ekhuluma ekhombisa ukuthi unengekile.

"Baze basenza isono laba bantu. Kudlalelwani ngathi ngempela?" kubuza ukaMaShange.

"Kodwa uke washo uMazibuko ukuthi nakwezinye izindawo ike yenzeka le nto yokuthi bekuthi uma kufika amaphasela okudla amakhansela ekunikeza abangani nezihlobo zabo okunye ekudayisa, ngangamnaka, ngazitshela nje ukuthi uyancokola ngoba ukukhonzile ukuzincokolela." UMaNdlela lowo. "Ibuhlungu kakhulu le nto eyenzekayo yokuthi abantu kuthiwe abayobhalisa ukudla kodwa uma sekumele kutholakale abantu banikane ngobungani nobuhlobo, kuyacaca ukuthi amagama alaba bantu abebebhalisa bebenzela nje ukuthi bakwazi ukuzitholela ukudla okuningi bese bayakudlla bona."

UNokuzola wakhipha ifoni eqhela eduzane nonina eshaya ucingo. Bayambuka ngesikhathi eqhela uNokuzola okufika kuqala emakhanda abo uMaNdlela, uMaShange noMaShazi ukuthi mhlawumbe uyozikhulumela izindaba zakhe nabangani bakhe. Basamangele ngale ndaba ukuthi into yokuthiwani lena yamaphasela okudla. Bayathatha bayabeka ngomcabango uMaNdlela noMaShange, kwazise sekuphela amaqhinga ukuthi ngempela sekuzomele benze njani. UMaShazi yena akazange aye kwakuyobhalisa njengoba indodana yakhe uSibongiseni yathi akangayi, akakhululeke izokuthenga ukudla ekhaya.

"Hawu baze bangcola abantu!" Kusho uNokuzola ngokumangala.

"Yini sekwenzenjani Nokuzola?" Kubuza unina uMaShange.

"Kuthiwa ngempela ukudla obekufikile bekungokwabantu abebekubhalisile futhi akusekho okunye okuzayo." Kuphendula uNokuzola, ekhombisa ebusweni ukuthi akadlali ngale nto ayishoyo.

"Uzizwa ngobani futhi lezi zindaba Nokuzola?" Kubuza uMaNdlela.

"Ngizizwa ngomunye umngani wami osebenza kwaMasipala, nguyena oqinisekisayo efonini ngokuthi loku kudla obekukhona bekungokwabantu labo abebebhalisile futhi nangesikhathi kukhishwa kwaMasipala kwakukhishwe imali yokuthi kuyothengelwa bona bese labo ababephethe uhlelo baqinisekisa ukuthi ngempela ukudla kutholakele." kuchaza uNokuzola.

"Mhlawumbe ngabe kungcono ukuba bekungasiwo amaphasela okudla, ukubani bekungamavawusha abhale amagama ababhalisile nezinombolo zabo zamapasi ngoba bekungezukuba lula ukuthi baye ezitolo beyothenga ngamavawusha anamagama nezinombolo zepasi zabanye abantu." kuphawula uMaShazi.

"Laba bantu bangcole kabi mhlawumbe bebezothola nendlela abebezoshintsha ngayo amagama asepasini kanye nezinombolo zepasi kumavawusha bese kubhalwa awezihlobo nabangani babo, kuzuze zona ngoba kwenzekile." esho ebheka uMaShazi uMaNdlela.

"Kuyacaca ukuthi abantu abaningi abangahlobene nalabo abebenika abantu amaphasela okudla abawatholanga. Uma kunje kusho ukuthi abantu bakithi bazofa babulawe yindlala njengoba singezukusebenza, singezukuhola ndawo. Asizukuba nakudla. UHulumeni wethu uyahluleka njengoba bathi kunobhubhane lekhovidi, kumele sihlale emakhaya salalela, kodwa manje siyalamba. Uma usizo singezukuluthola kumele uHulumeni asivumele siye emsebenzini. Kumele asikhulule, ukuze sizoyosebenzela izingane zethu zizokwazi ukuthola ukudla. Inhliziyo yami izwa ubuhlungu njengoba singenalutho, asazi ukuthi kumele senze njani manje. Angisebenzi kanti nasekhaya akekho omunye umuntu esingathembela kuye ukuthi uzosisiza, kwazise ngoba kuyilesi sikhathi se-*lockdown* wonke umuntu ukhala esakhe. Ngale madlana encane kaNokuzola ayithola

191

eyunivesithi ku-NSFSAS ngisaphinda ngithi ngeke yenze lutho ngabe ngidlala ngaye umntanami, kwazise ziningi izinto ezithinta umsebenzi waseyunivesithi okumele ayisebenzisele yona njengoba nje befunda online." Ekhuluma ngokudangala uMaShange.

"Ungasho uliphinde wentombi kaShange nami kwami sondliwa yimali yeqolo kaKhalakunzima ekubeni sibathathu. Le madlana abayiholayo eyokugcwalisela kwenye ekhaya, kwazise angeke yakwazi ngisho ukondla ingane noma umntwana inyanga yonke." Kuphawula uMaNdlela ngokuphelelwa ithemba.

"Kuthiwa kumaphasela okudla bekutholakala phakathi impuphu, irayisi, ufulawa, ushukela, insipho, ama-sanitisers ama-face masks kanye nokunye. Kuthiwa kweminye imizi khona lapha komakhelwane bethu kugcwele kuyachichima sengathi bebethola ukudla kwezitokofela. Kuthiwa laba abebenikezela abantu ngamaphasela okudla bathe konke kuhambe kahle futhi bajabule kakhulu abantu ngokuthi basizwe ngamaphasela okudla." Kugcizelela uNokuzola.

"Kuthiwani ngekhansela uMaphanga? Kuthiwa lona belikuphi?" Kubuza uMaShazi.

"Kuthiwa alikho liye ezihlotsheni zalo lapho kushonwe khona eMtubatuba." Kuphendula uNokuzola.

"Nalo leli khansela lethu ungathola ukuthi lihamba nje lihlangene nalaba bantu abenze lo mkhuba wokuthi banike izihlobo zabo kanye nabangani babo amaphasela okudla komphakathi." UMaNdlela esho ngokucasuka.

"Enye into uma uyibukela kude kuba sengathi ayizukukufica wena, umuntu ubebuka komabonakude abantu bekhalaza ngendaba yamaphasela okudla ngokuthi ayadayiswa ngamanani aphezulu, abanye osopolitiki bewanikeza izihlobo nabangani babo. Kwezinye izindawo yingakho abantu bebeze babhikishe. Bavale imigwaqo, bashisa imililo bese bala nokuqhelelana ngokwebanga elifunekayo ngokwemithetho yobhubhane lekhovidi, besho nokuthi abantu abaziwayo ukuthi bavotela iqembu elithile nababa ngamavoluntiya ngesikhathi sokhetho abathole amaphasela okudla. Okubuhlungu nabangakubheki ukuthi ivoti liyimfihlo, umuntu angaba yivolontiya asize iqembu elithile ngesikhathi kukhankaswa, aphinde abonakale agqoke imifaniswano yalelo qembu kanti futhi omunye angaze anikwe nesikhundla esiphezulu. Enginesiqiniseko sako ukuthi ngakho konke lokhu ngeke ube nesiqiniseko esingama-100% ukuthi uvotela lelo qembu, kwazise ivoti liyimfihlo. Uma sekuvotwa umuntu usuke eseyedwa phambi kwebhokisi lokuvota. Kungenzeka ukuthi kukhona umuntu osuke ezithulele engagijimi izindaba zepolitiki kodwa aye kobhalisa uma kuzovotwa bese eyavota avotele lona lelo qembu eliphinde lithi ngesikhathi sekutholwa amaphasela okudla lingamniki ngenxa yokuthi akagijimi izindaba zezepolitiki." Kuchaza uMaShazi.

"Uqinisile MaShazi, ukungazingeni izindaba zepolitiki, nokuzithulela akusho lokho ukuthi awusiyo ingxenye yeqembu elithile futhi lokho akusho ukuthi usuke umosha isikhathi sakho nje uyobhalisa uma kubhaliselwa ukuvota uphinde uyobamba olayini uma sekuvotwa bese ufika ungavoti kwi-ballot paper." UMaShange efakazela uMaShazi.

193

"Uqinisile umama uMaShazi, le nto ngike ngiyibone eYunivesithi uma kuvotwa kuvotelwa izinhlangano zabafundi, uke uthole ukuthi ezinye ziba nabafundi abambalwa abagqoka izikibha zazo ngisho sinemihlangano babe mbalwa noma zikhankansa zibe mbalwa kodwa uma sekuvotwa uthole ukuthi zithole amavoti amaningi. Lokhu kuveza ngokusobala ukuthi ungabi umngani nesihlobo sabathile abanezikhundla ngokwezepolitiki," kuphawula uNokuzola.

"Kwashiwo nasemsakazweni ukuthi kubukeka sengathi abantu benza izinto eziyingozi ezihlanganisa ipolitiki kube nezinkiyankiya lapho abantu behlupheka ngenxa yesimo se-*lockdown* esingaphezu kwamandla kaHulumeni nakuwo wonke umuntu. Kwashiwo ukuthi uma kunamaphasela okudla okutholakalayo kumele kungasetshenziswa ukuthi ubani ukuliphi iqembu lezepolitiki, usonta nobani, uyisihlobo nobani kanti futhi ungumngani kabani. Kunethemba lokuthi kukhona okuzokwenziwa ngoba le nto yobugebengu obenziwa ngamaphasela okudla komphakathi kuyinto eyaziwayo nehlezi kukhulunywa ngayo emisakazweni, komabonakude, ezinkundleni zokuxhumana, ku-inthanethi nakumaphephandaba. Le nto yokuthi abantu bazothathelwa izinyathelo kungaba yinhlanhla, osopolitiki baningi kabi abenze izinto ezingalungile bedla amathenda nezihlobo nabangani babo bekhwabanisa nemali. Kuhlezi kukhona amakhomishini bese kugcina kungaboshwe muntu. Abantu abaningi ababa ukudla kwejele abantu abamnyama abazihluphekelayo. Osozimali. Osopolitiki nabantu abadumile noma bengena ejele, bangena isikhathi esincane kabi kodwa uthole ukuthi mukhulu umonakalo abawenzile." UMaShazi lowo.

"Kaze thina bantu abamnyama nabahluphekayo kuyodlalwa ngathi kuze kube inini. Njengoba sasinethemba lokuthi uma sekuphethe uhulumeni wabantu abamnyama siyophuma emaketangeni obubha, lelo themba liyashabalala, kwazise uhulumeni wethu muhle ekusithembiseni izulu nomhlaba, bese sibona iGomora neSodoma uma sekwenzeka." kusho uMaNdlela.

"Mina sengiyafisa libuye ikhansela bese libiza umhlangano ukuze lizosichazela kahle ukuthi kwenzekeni mayelana namaphasela ethu okudla." Kuphawula uMaShange

"Noma bangawubiza lowo mhlangano uma sebewadlile amaphasela ethu okudla nabangani babo bazovele basikhohlise futhi noma basithembise okunye ongeke kwenzeke futhi." kuphawula uMaShange.

"Saze salithwala idombolo lishisa, uHulumeni akayekele abasebenzayo babuyele emsebenzini ngoba uyahluleka ukusondla ngalesi sikhathi se-*lockdown*. OMazibuko ukube bayasebenza ngabe isimo asinjena la yikhaya." kubalisa uMaNdlela.

"Ungasho uliphinde lelo weMaNdlela, nami ngithi asikhululwe sibuyele emisebenzini siyozitohozela vele thina selokhu sakhululeka ayikho into ecacile esisayitholile kuHulumeni. Ngaphambi kwentando yeningi ngangisebenza emakhishini, namanje sikuyo intando yeningi ngisasebenza khona emakhishini futhi angikaze ngithole nandlu yomxhaso. Engingakubala nje okukodwa umuntu asakuzuzile emva kweminyaka engama-26 uHulumeni wentando yeningi ebusa engingathi mina ngisasizakale ngakho kuphela ukuthi uNokuzola useYunivesithi kanti futhi uthole nemali yeNSFSAS evela kuhulumeni, kodwa okunye okufike kungicike ngaleyo mali ukuthi kusathiwa kuzomele bayikhokhe uma sebesebenza isinenzalo ngaphezulu. Yini indaba uhulumeni engavele athi azifunde ngayo mahhala le mali izingane zethu ngoba kuyaziwa ukuthi ziphuma emindenini empofu." UMaShange lowo ophawula kanjalo.

"Kuzolunga mama ngelinye ilanga. IsiZulu sithi nalapho kungekho qhude khona kuyasa." UNokuzola ekhulemela phansi.

"Kumele nizibambe ziqine mntanami eYunivesithi ngoba niyabona isimo sinzima kanjani. Niqhelelane nezinto ezinganiphazamisa ekufundeni. Uyabona abantu bezinye izinhlanga ezazingacindezelwe ngesikhathi sezepolitiki njengathi akudlalwanga ngabo.Sengithembele kuwe mntanami ukuthi ngelinye ilanga nami ngiyokudla ngemfologo nommese, ngiphinde ngigibele indiza." Esho la mazwi uMaShange maqede acwebe izinyembezi.

"USibongiseni usho kahle kimi ukuthi noma bengasho nje kumathelevishini nasemisakazweni ukuthi labo abakhwabanisa amaphasela okudla komphakathi kuzomele babhekane nengalo yomthetho, uthi bayazisholo. Laba bantu abenza le mikhuba bayazi ukuthi baxhumene nabantu abakhulu kanti futhi ayikho into abangenziwa yona. Uphinde wathi noma kuthiwa kwezinye izindawo ama-hawks ayaphenya ngalezi zindaba noma kungakhona ababoshwayo kuyozwakala ezinsukwini ezimbalwa sekuthiwa sebephumile batholakale bengenacala noma ubufakazi abuhlangani." Kusho uMaShazi ngokubhuqa.

"Kwezinye izindawo ngizwile emsakazweni ukuthi amaphasela okudla abeya ezindaweni ezithile kuphela, adilizwe nasemizini yabantu abathile bese kuthi abantu abamnyama nabahluphekayo basale bencela izithupha njengasemihleni. Abanye kuthiwa bebewadayisa la maphasela okudla ngemali elinganiselwa kwi-R1000", kubeka uMaShange.

Baze baziphathe kanje laba bantu ngamaphasela okudla okumele engabe anikwa umphakathi oswele nje kwenziwa yini? Wonke umuntu olapha uyazibuza kodwa lutho ukuthola impendulo. Ibuhlungu ngempela le nto eyenziwa osopolitiki, nezihlobo nabangani babo ukuthi badlale ngabantu kanjena. Kaze khona kulezo zindawo labo abebethola la maphasela okudla bese bedayisela abantu bekuthiwa abayithathephi imali njengoba nje umhlaba ubhekene nobhubhane lekhovidi kwamenyezelwa ne-*lockdown*.

Khona kusenjalo kwangena uMazibuko evela kumqashi wakhe lapho abesebenza khona ngezimpelasonto uma engayile emsebenzini lo asebenza kuwo phakathi neviki. Ufika nje uMazibuko kukhona akuphethe sengathi amaphasela okudla.

"MaZibuko ngabe uwathathaphi la maphasela okudla owaphethe?" Kubuza uMaNdlela.

"Nkosikazi ngikuphiwe umqashi wami lona engimsebenzela ngezimpelasonto, uthe njengoba naye engakabi nawo amandla okungikhokhela imali, kuyimina kuphela futhi osebenzayo layikhaya, angithathe la maphasela okudla siyothi ukuthiba indlala." Kuphendula uMazibuko.

Bathi uma bewabheka bonke la maphasela afika noMazibuko, bawabona efana nawo impela lawa avela ezithombeni ezinkundleni zokuxhumana okuthiwa abemukelwa abantu ngamabili ebusuku. Babhekana bonke emehlweni, bavele bakhexa.

Ngakusasa ekuseni labonakala ikhansela uMaphanga lihamba ngetekisi edimile.

"WeMaphanga, awume kancane lapho." Kumemeza amanye amalunga omphakathi.

"Ngiyaphuthuma mina, ngiyobuye nginibone." Kuphendula uMaphanga.

"WeMaphanga, asikuceli, siyakutshela." Kusho amalunga omphakathi.

"Ukuthi niyangicela noma niyangicela lokho akusho lutho kimi, ngizonazisa uma ngingekho bhizi." UMaphanga lowo ophendulayo.

"WeMaphanga, umthetho wakho ufuna ukubonani?" Amalunga omphakthi ememeza.

"Umthetho wenu nihamba ngezindlebe ngoba sengikhulumile nani ngaqeda." UMaphanga ephendula ngokudelela.

"Wena Maphanga siyakubona ukuthi awusazi kahle." Amalunga omphakathi esho ekhombisa ukunyanya.

"Mina engikubonayo yinina eningangazi kahle ukuthi ngingubani mina." UMaphanga lowo ozithuselayo.

"Sizokunyathela thina angeke sidlale wena nabangani bakho nidle amaphasela ethu okudla nijwayele ukwenza kunilungela namhlanje ligaya ngomunye umhlathi." Amalunga omphakathi ekhuluma esekhombisa ukuthi adinwe ayaveva.

"Ningalambeli kimi nina." UMaphanga lowo osaphendula ngokukhombisa ukuqhuba intwala ngewisa.

Asondela egijima amalunga omphakathi etekisini ehamba uMaphanga. Wayishaya yachitha itekisi uMaphanga.

"Valani, nasi isigebengu." Kusho amanye amalunga omphakathi abesefoneliwe ukuthi awamvimbe ngaphambili uMaphanga.

"Ayibo nina boskhotheni, senidukelwe izigebengu manje." Kusho uMaphanga ngokudelela. Amalunga omphakathi ajikijela ngamatshe itekisi ehamba uMaphanga amanye aphethe izagila nemishiza.

"Yenina boxamu, aniboni ukuthi nizongilimaza!" Kuphawula uMaphanga ezama ukuzithusela.

"Duklu, bhudlu, ..." Kukhala imisindo amalunga omphakathi eshaya ngamatshe itekisi elihamba uMaphanga.

"Ayibo! musani ukubulala malunga omphakathi ahloniphekile" Abe esezifikele amalunga omphakathi.

"Nizodla izijumba zethu zokudla nabangani bakho, bese uphinda uyasidelela!" Kusho amalunga omphakathi.

199

"Angidlanga zijumbana zokudla mina." Kusho uMaphanga.

Amthelekela amalunga omphakathi uMaphanga. Amawindi etekisi aseshayekile amaningi, kanti nayo isishayekile emzimbeni.

"Gudlu, gudlu, gudlu, ..." UMaphanga owasevula isivalo setekisi, efuna ukubaleka.

"Bamba lapha wena sikhotheni wekhansela." Kusho amalunga omphakathi eshaya uMaphanga.

"Awu, ngenzeni bakithi?" Kubuza ngokuzikhalela uMaphanga.

"Uyazi wenzeni, bamba lapha wena mdlwembe wekhansela." Kusho amalunga omphakathi eshaya uMaphanga.

"Pulukutshu, gi, gi, gi, ..." UMaphanga epulukutsheni ebaleka, esethe ukushayeka kabana yena.

"Awu bantu benkosi, itekisi kanti igcwele izijumbana zethu zokudla!" Amalunga omphakathi lawo ebabaza emva kokuvula itekisi kaMaphanga ngemva kokuba esebalekile wayishiya khona lapho ayemtitinyela khona.

Uma befika uMaNdlela, uMaShange noMashazi bafike bazibonele nabo ngokwabo itekisi ebelishayelwa uMaphanga ligcwele mfi, ukudla, kodwa kungaziwa ukuthi wayekusa kuphi. Bavele babhekana, basala bebambe ongezansi.

Umsebenzi wokuzicijisa

A. Imibuzo emifishane

1. Yini lena eyayenza uMaShange noMaNdlela babenethemba elikhulu lokuthi bazowathola noma kanjani amaphasela okudla?
2. UMaShange wayesebenza msebenzi muni?
3. Ubani uMazibuko?
4. Ubani umzukulu kaMaShange?
5. Yimuphi lo mfundaze okubhalwe ngawo lapha endabeni osiza abafundi emaNyuvesi?
6. Ubani uNokuzola?
7. Obani laba ababamba abantu bediliza ukudla entathakusa elolini?
8. UMaDladla ufike naziphi izindaba koMaShange?
9. Babekuthwala ngani ukudla laba bantu ababekudiliza elolini?
10. Chaza le nkulumo elandelayo.
    a) Izijumbana.
    b) Kunyamfuka.
    c) Ngesivinini
    d) Isina mumva likholwa izagila.
    e) Ngesikabhadakazi
    f) Ukuhlaba umkhosi
    g) Abakhunkuli
    h) Kudlula ingelosi
    i) Ukucobeka
    j) Ukukhwabanisa

201

k) Kudlula ingelosi

l) Ukucobeka

11. Ake uveze udweshu kule ndaba.

12. Kungabe ubani umqhathi kule ndaba?

13. Itholakala kuphi futhi le ndaba yokuntshontshwa kwamaphasela okudla?

14. Kudla kuni okutholakala kula maphasela antshontshiwe?

15. Ngubani ikhansela lakule ndawo?

16. Uhlaselelwani uMaphanga ngumphakathi?

17. Leli tekisi litholakala lilayisheni?

18. Amaphoyisa abamba iloli elalintshontsha ukudla, avalwa ngani umlomo?

19. Ubani umqhathi kule ndaba?

20. Ake uveze isizinda sale ndaba ngokuphelele.

Uyoze abuye eCuba umntanami

N.S. Zulu

Kungenzeka ukuthi kukhona okungahambi kahle ngomntanami uThami. Hleze uyagula nje, noma usekhumbule ekhaya kakhulu. Kulezi zinsuku ngiyamphupha. Ukuqala kwala maphupho ngamphupha efika lapha ekhaya njengomuntu obuya eCuba, ephethe umthwadlana wakhe ahamba nawo eminyakeni emihlanu edlulile. Wayegqoke ijazi lobudokotela elimhlophe, efake nesipopolo sobudokotela. Ngikhumbula ethi kimi: *"Mum, I am a doctor now*! Bona nje, nginguDkt. Thami ogcwele manje." Engasajabule umntanami! Ejabule kakhulu. Nami ngavuka ngijabulile. Intokozo iyaphilisa. Isangikhungethe nanamhlanje intokozo yalelo phupho. Kazi usaphila na uDkt. Thami wami? Iyangiququda inkumbulo kaDkt. Thami!

Ekuqaleni konyaka uThami wangibhalela incwajana nje ethi kuleli qembu labo lonyaka wesihlanu sebabizana ngodokotela uma bebodwa, kanti lokho kuyabathokozisa. Okunye ukuthi kuyabakhuthaza ngoba bayabona manje ukuthi sebeyaziphothula izifundo zabo zobudokotela. Kudala bahamba emakhaya.

Kuthe uma ngizwa kuthiwa kukhona odokotela abavela eCuba, abazosiza abaseMzansi ukulwa nesifo se-*Covid 19*, kwaba sengathi noThami ukhona lapho phakathi kwabo, ufike nabo. Ngababhekisisa behla ebhanoyini, ngathola ukuthi akekho owami umntwana lapho. Ngathi uma sengibuzisisa ukuthi ngobani labo abazosiza, kwathiwa ngoSolwazi abanolwazi olunzulu nolubanzi lobudokotela. Abasafundela ubudokotela bona abekho lapho. Noma kunjalo, kwakungathi kuzothi uma uThami ethola ithuba, ngimbone esengena emnyango, ezibika kimi ukuthi ulethwa yinkumbulo ekhaya, useMzansi, kepha usemsebenzini onzima - lona wokulwa nekhorona. Ngamkhumbula ngamandla manje umntanami.

Ngiyifunda njalo leyo ncwadi uma ngimkhumbulile umntanami. Nanamhlanje ekuseni ngiyifundile, yangijabulisa kakhulu, nakhu-ke sengibhocobaliswa yile *sms* kaThokozile ebhedayo. Lo Thokozile! Ngelinye ilanga ngizoke ngimshuke njengechotho aze athambe njengesiphuku. Ungizwa ngendaba. Akangazi kahle.

Ngikhumbula kahle okwenzekile: kuthe ngisabanjwe isithongwana salezi zikhathi zasemini, kwangena umyalezo we-*sms* efonini yami: *Sorry about Thami, mum. Thami was a nice guy - an excellent doctor-to-be. What a loss to his community! Sorry again, mum.* Ngacasuka. Mina iyangicasula le miyalezwana yama-*sms* engaqondakali kahle. Uma kunjena, ngiye ngithathe iseluleko somngani wami uSindi ukuthi le miyalezo ngiyicishe ngingayifundanga kwakuyifunda: "Mina Thembeka, ngiyayidilitha le miyalezo. *De-lete!*" Wagcizelela lo 'delete', kwezwakala impela akushoyo. Ngiye ngithi nje: *"Delete, delete, delete!* Uyangizwa ngithini, Thembeka? Uboyidilitha le miyalezo kaThokozile. Uyezwa?"*

"Ngikuzwa kahle, Sindi, uthi: *delete.*"

USindi naye uvama ukuthola le miyalezo ebhedayo ngokuziphatha kabi komyeni wakhe. Phela inkinga yami iyefana nekaSindi. Into esenza abangani ukuxoxa ngokuxhashazwa ngamadoda ethu emendweni. Owami umyeni ujola nelinye nje idikazi kuleya mixhaso esanda kuvulwa laphaya phesheya, manje lona ongibangisa indoda yami ungithumela imiyalezo ebhedayo njalo nje. NoSindi unaleyo nkinga. Umyeni wakhe uhlala laphaya kaThokozile. Selokhu kwangena lesi simo sekhovidi, umyeni wakhe nowami bayingxenye yamadoda aphuza imfulamfula nomzambiya kaThokozile. Bahamba ekuseni sengathi bayofuna amaluzi nje kuphela, bazobuya uma sebebheme baze bakholwa, kepha lutho, uma bahambile bahambile njalo, sesizobabona ngesikabhadakazi, sebengena nezicabha ukudakwa. Sebehlala khona. Owami umyeni ngiye ngibonge uma ebuyile. Kusuke kuyinhlanhla impela ukubuya kwakhe ngoba usevama ukulala khona lapho etshwaleni, avuke khona njengomuntu ohlala khona.

Kuthi ngiwuvule lo myalezo, bese ngiyawufundisisa, kodwa nginqene, ngiyeke. Ngisanengiwe. Ngizibuze ukuthi ngizihluphelani nje ngokuwufundisisa ngoba uzogcina usungigwaza inhliziyo - le nhliziyo esihlala ibuhlungu yile miyalezo yama-*sms* kaThokozile. Ngiwucime: *delete*. UThokozile uyisithikamezo. Impilo yami uyayihlukumeza, unezinhlamba azithumela zilandelana. Ngize ngibone-ke nami ukuthi ikhona le nto emshisayo ngomendo wami: ukuthi le ndoda kube ngeyakhe yedwa. Manje uzama ukungikhipha ngezinhlamba. Noma enza njalo, ngazitshela ukuthi mhla ngiqala ukuziphendula lezi zinhlamba zakhe, ngizobe sengizehlisile. Ngake ngalingeka ngelinye ilanga engijija ngezinhlamba, efuna

205

umoya wami, kwaze kwathi nami ake ngimthuke, ngimzwise lo muthi wakhe obabayo, kodwa ngazithiba. Ngeke nje ngiziphathise okweseqamgwaqo. Mina ngiyazihlonipha. Ngayalwa kithi ngenkathi ngiya emzini.

Ngibuye ngizisole ukuthi ngithathe ngamawala ukucisha lo myalezo ngoba ngihlala ngizwa izeluleko zomngani wami uSindi, kepha lona umyalezo sengathi ophusile ngoba uzwakala sengathi uyangiduduza. Awunanhlamba. Ngabe uzweni lona ongiduduzayo? Ngabe nguye uThokozile othumele le nduduzo ye-*sms*? Kepha kungabuye kube ngubani? Nguye. Abazisweli phela laba abeqa imigwaqo izinto zokunyelisa abashadikazi abalungileyo - laba abazithobileyo emendweni yabo. Umuntu wenza yonke imizamo yokuthi udikile indoda yakho, bese eyithola kalula. "Thokozile ndini, ushaye phansi! Ngeke yami indoda uyithole kalula. Uzoyithola ngifile, hhayi ngisadla amabele anhlamvana."

Ngizithole sengicabanga ngoThokozile. Kubi kabi esengimfisela khona manje uma esaqhubeka ukuthandana nomyeni wami kanjena. Ngimfisela okuzobahlukanisa, noma ingayiphi indlela. Ukube nginemali, ngabe ngikhuluma nezinkabi zimethuse, ahambele kude le noNgcolosi wami. Zimethuse? Hhayi, zimbulale. *One bullet,* pha-a! ebuchosheni, kuphele ngetswayi. Ukufa kuyisombululo esingunaphakade. Uma efile, ubezobe ufile. Impilo yami ibizoqhubeka kahle nendoda yami, kungekho okusiphazamisayo.

Hayi bo! Ngizikhuze ngalo mcabango wezinkabi. Yini ngicabange into embi kangaka? Kwenziwa ukuthi umqondo wami awuzinzile kahle ngenxa yalo myalezo engingawutholi kahle ngoThami. Ngenxa yalokhu kudunguzela komoya wami, sekuze kukhona okusengathi insimbi ekhala lapha kimi ekhanda, engiyizwa kancane nje ithi, zwi-i-i, zwi-i-i, zwi-i-i!

Ngabe ngubani lona ofuna ukungisanganisa, obhala into engingayizwa kanjena ngoThami umntanami? Hhayi bo! Ngabe ngubani lapha endaweni ongazi ukuthi uThami useCuba? UThokozile uyakwazi nje lokho. Phela unyaka wesihlanu lona uThami ahamba. Wenza izifundo zobudokotela eCuba. Uzoziphothula nje ekupheleni kwalo nyaka. Ngonyaka ozayo, uzofunda lapha eMzansi esesebenza esibhedlela. Nkosi yamakhosi! Ngizojabula! Ngizoke ngiye nje kuleso sibhedlela asebenza kuso umntanami, ngizidlise satshanyana khona. Ngizohlala laphaya emabhentshini ahlale egcwele iziguli, ngimbukele elapha iziguli. Seliyafezeka manje iphupho lami! Kuyivelakancane ukuba nengane engudokotela. Mingaki nje imizi enabodokotela lapha endaweni? Angazi nowodwa nje vo! Cabanga nje, ngizohlonishwa kakhulu, futhi ngithandwe kakhulu njengomama kaDokotela uThami. Ngizojabula sengibizwa ngomama kaDokotela uThami!

Ngizibone sengimamatheka yinjabulo. Yebo, ngifikelwa yintokozo ejulile njalo nje uma ngizibona ngeso lengqondo umntanami esengudokotela, mina sengibizwa ngomama kaDokotela uThami. Inkosi ingisizile. Sekuseduze ukufezeka lokho. Useyaqeda manje umntanami. Yingakho nje sekubhoke umona koThokozile, kepha umona yimisebenzi kaSathane, singabuye sithini? NguSathane lona ongihlasela ngala ma-*sms*.

Ngizitshele ukuthi ake ngihlukane nalo nondindwa onguThokozile. Ukumcabanga kungilimaza umoya. Kungcono ngicabange ngomntanami uDkt. Thami. Lokho kuyangithokozisa, kuyangiphilisa emoyeni. Ngingathi nje, umoya wami kuwubeka emadlelweni aluhlaza.

Ephusheni lakamuva nje, uThami ngimbona sigibele naye imoto enhle kakhulu, eshayela edolobheni elihle kepha engingalazi, sijikeleza izitaladi zalo, sibheka imizi emihle ngoba efuna umuzi angawuthenga, ethengela mina. Nalapho ngavuka inhliziyo yami ijabule kakhulu.

Amnandi amaphupho anjena. Hhayi lezi zinto esiziphushiswa abathakathi, siphuphe amathuna nemigede egcwele izidumbu ezonakele, nezigxaza igazi. Abathakathi! Mina uma ngiphupha la maphupho amabi, uThokozile usuke ekhona phakathi. Ngimphupha kabi, kungenzeka ukuthi uyagijigijima ebusuku. Yini lena engaka abambe ngayo indoda yami ngaphandle? Bayayazi laba bafazi abanjena imithi yamadoda! Indoda bayibamba ime ngqi! Ibalandele noma ingasathandi! Ngiyabona nje ukuthi nalena yami indoda ayisathandi ukudonswa ngempumulo, yingoba yenziwe - yenziwe ngomuthi. UThokozile! Ngizomkhohlwa ngifile.

Usangikhathaza kodwa lo myalezo engiwucishile ngingawufundisisanga. Awusuki engqondweni yami, awucisheki emoyeni wami. Sengathi ngisawufunda namanje: *"Sorry about Thami, mama wami. Thami was a nice guy"*. Uthini umthumeli uma ethi: *"What a loss to his community!"*

Ngabe lona obhalile uthi uThami ushonile? Ngabe uThami ushonile? Ngizikhuze. Ngiyicabanga kanjani bakithi into embi kangaka? Ngithandaze ngenhliziyo: Noma ngihamba esigodini sothunzi lokufa, angiy kwesaba lutho olubi, ngokuba wena unami. Ngenze isiphambano samaRoma: ngegama likaYise, leNdodana neloMoya oyiNgcwele. *Amen.* Umthandazo uyasiza uma kunjena.

Ngiphumele phandle, ngidinga ukushaywa ngumoya opholile.

Ngabe uThami ushonile? Ngizikhuze futhi. Ngishaywe uvalo manje. Ngizame ukuzibamba, kepha lubelesele uvalo, aluvaleki. Ngithuke sengathi kukhona othi uThami ushonile. Isikhashana emuva kwalokho, lungiphinde uvalo, lungithi, kle, kle, kle! Ngithi ngiyasukuma, kwale amadolo: uvendle olungiphethe manje. Ngabe sengiphelelwa lithemba njalo iqiniso ngingakalitholi nokulithola? Ngishaye isiphambano samaRoma futhi.

Nkosi yami! Umuntu kunini agcina esontweni selokhu amasonto avalelwa ukubhebhetheka kwale khorona! Ngidinga umkhuleko webandla manje. Uyasiza uma kunjena. Phela inzima le nto engibhekene nayo. Ngizizwa ngibuthakathaka kakhulu emoyeni nasemzimbeni. Ngidinga imvuselelo ukuze ngilwe nale mpi engiqondile. Impi phela lena, iyalwa. Akusongwa izandla uma impi iza ihlasela. Kungcono ngibize uNgcolosi eze ekhaya, siyibambe naye. Nguyena umnumzane walapha ekhaya, ake aphenye lolu daba oluvela nalo myalezo.

"Nx! Kodwa ngimane ngiyasho nje. Ngizomthola kanjani ngokushesha uNgcolosi ngoba phela usehlala kulesi silokhunjana sakhe. Ulapho njengamanje, ushiye umuzi wakhe. Nx! le ndoda!"

Ngizehlise, ngifonele umyeni wami ngenhloso yokuthi akabuye ekhaya sibonisane ngezindaba zale *sms* engaqondakali. Angaphenduli. Ngizame uThokozile. Naye angaphenduli. Kuyinto ejwayelekile leyo yokungaphendulwa kwezingcingo zami uma ngifonela kaThokozile. Kuthiwa ngiyahlupha, ngiyaphazamisa, nginesikhwele. Kuse ebusweni benkawu. Ngimthola kanjani-ke uNgcolosi uma kunjena, ngimdinga ngokushesha okungaka? Ngingenza cebo lini ukumbuyisa ekhaya ngoba phela ngeke nje mina ngiye laphaya etshwaleni kaThokozile? Amakhosikazi amaningi ayaphoxeka ngokungena khona eyofuna amadoda awo. Lapho kuphoxeka ngisho izidlamlilo zamakhosikazi imbala. Angisona mina isishoshovu, futhi ihlazo ngiyalesaba. Angikaze nje ngithukwe etshwaleni.

Ngiziduduze ngokuthi angisale sengiya khona ngokuqunga isibindi, ngiphoxeke uma ngiphoxeka, akusenandaba, vele sengaphoxeka kaninginingi ngokuthi umyeni wami ahlale etshwaleni ilanga lonke, kuthi uma amadoda ebuya emisebenzini ntambama, yena angabuyi. Uma ebuyile, ufika ebusuku, engazazi nokuthi ungubani ukudakwa. Uma edakwe ilokhu kudakwa kwama-*black-out* elele nami, uthi ulele noThokozile, uzwe engibiza ngoThokozile. Kungigwaza inhliziyo uma indoda yami isingazi ngoThokozile, nakhona ngokudakwa kwama-*black-out*.

Cha! Ngeke ngiye kaThokozile. Angigcine lesi sithunzana engisenaso ngokuthi ngingathukwa etshwaleni kulalele izidakwa zawo wonke umhlaba lona. Ngiyavuka kusasa ngiyathrenda kuma-*whatsapp* nama-*facebook*.

Ngimemeze ingane yomfana kulezi engizibona zidlala phandle ngakamakhelwane. Ingane yabantu ingasabeli, iyangiziba. Ngiphinde futhi ngimemeze, zisukume zonke zibaleke, bese zisithela ngalena kwendlu. Angizazi nokuthi ezakuphi lezi zingane. Kuyabonakala ukuthi zidlala lapha nje yingoba zibalekele ukuthunywa emakubo. Ziyazi ukuthi akunabantu emini kamakhelwane, ngakho-ke sezidlalela khona. Nalena yami yentombazanyana ayidlaleli lapha ekhaya, idlala kude lena ngoba lapha ekhaya ibalekela ukuthunywa. Iye ihlale lapho kuze kube ntambama. Izingane!

Izingane zethu azizwa noma sezitshelwa kaningi ukuthi kuthiwe ngokunqatshelwa ukuya esikoleni ngalesi sikhathi esimanzonzo sekhovidi, zifanele zihlale emakhaya, ngaphakathi ezindlini, ziyeke ukuzula ezitaladini ngoba zizohabula leli gciwane lekhorona emoyeni. Zitsheliwe futhi ukuthi zifanele zenze umsebenzi wesikole noma izikole zivaliwe, kodwa izingane! Azazi nje nokuthi lidumephi. Aziwenzi lowo msebenzi wesikole. Sizwa kuthiwa nabafundi bemfundo ephakeme bakhononda ngamadatha abangawaphiwa bonke. Abanawo amadatha kuthiwa bavama ukugugulisha izithombe namafilimi ephonografi. We-e! Izingane zethu!

Ngithi ngisasambathekile, ngibe nenhlanhla, kudlule lo bhuti ubaba wakhe ongumfundisi. *Shame*, yena nesonto amanzi nophalafini, uzithandela amambawu. Sewapotozwa yile mfulamfula kaThokozile, futhi kuyabonakala ukuthi njengamanje

211

nje usendleleni, uya khona. Ngicele yena ukuthi angicelele ubaba kaThami avele ekhaya, kukhona umyalezo ophuthumayo ngoThami, asheshe, sekuvele umonakalo omkhulu.

UNgcolosi ngimlinde lize lishone ilanga, ngimlinde kuze kuhwalale, ngimlinde kuze kushaye ihora lesishiyagalolunye. Umnyeni wami afike ebusuku kakhulu sengibuka lezi zitori zethelevishini zangemuva kwehora leshumi nanye. Afike ephefumulela phezulu, afutheke okweselesele. Ame, ebambelele ezinsikeni zomnyango. Abuze esamile lapho emnyango ukuthi konakaleni, abuze ngokushesha sengathi nami ngifanele ngimtshele ngokushesha lo monakalo engimbizela wona, maqede aphindele emuva kaThokozile. Uyabonakala ukuthi usemoyeni wempi manje. Ufuna ukulwa nami ngiyinkosikazi yakhe. Ngabona ukuthi kungcono ngizithobe, ngithambe. Ngesinye isikhathi ukuthobela indoda esesimeni esinjena uma ungunkosikazi wayo, kuyisikhali esisebenzayo, esinamandla kakhulu. Ngazitshela ukuthi angingamniki impi ngoba ufuna yona, uhlohlwe kaThokozile. "Umonakalo wani lona okhuluma ngawo?" Uyabhavumula, uze uyavevezela. Ngithule. "Khuluma!" Habe! Useyangibhozomela phela manje. "Bathi uThami ushonile? Ufile?"

Ngithuke. "Ungakusho kanjani ukuthi uThami ufile, Ngcolosi? Ufile uyisilwane yini, Ngcolosi?" Kwehle izinyembezi kimi manje. "Ungumzali onjani okhipha inhlamba enjena ngengane yakhe? Ngabe uThokozile usekushumayeze ngokuthi uThami akasiyona ingane yakho?" Athule sengathi akayizwa le mibuzo engiyibuzayo. Kungicacele ukuthi le ndoda akuseyona eyami.

Ngizwe sengithi: "Usungahamba manje, Ngcolosi. Phindela kuThokozile. Bengifuna nje wazi ukuthi uThami sengathi akasekho emhlabeni."

Angahambi uNgcolosi. Azame ukubuzabuza lokhu nalokhuya engingakuzwa kahle, kepha ngizwe ukuthi anginaso isineke sokuphendulana nalokhu kuwawaza kwakhe. "Phindela kuThokozile, Ngcolosi." Ahlale phansi njengomuntu okhathele kakhulu. Ahlikihle ikhanda sengathi liluma lonke. Ngabe uyasangana?

Ngasukuma, ngayolala, vele besengilinde yena ukuthi afike uma efika, sikhulume kahle lolu daba olungifakela izinsolo ngokuhamba kwengane yami. Ngilale, kepha ngizwe ukuthi noma ngisembhedeni, ngiqubile nje ngoba akuzumekeki. Nalona onwaya ikhanda sengathi uyasangana, ungifakela ingcindezi. Kuthi angikhihle isililo, ngibuye ngizithibe. Izinyembezi zami zizomthokozisa. UNgcolosi useyisitha kimi, ngakho-ke izinyembezi zami zizomthokozisa. Angifanelanga ukuthi ngibonise isitha sami izinyembezi zami. Isitha siyazithokozela izinyembezi zomuntu esimhlukumezayo.

Kwathi ngesikabhadakazi ngezwa umyeni wami engena ekameleni lethu. Wahlubula ngokukhathala *shame*, wangena embhedeni, kepha walalela kude le nami sengathi usaba ngisho nokungithinta kodwa lokhu. Ngathi ake ngimtshele izindaba zakhe zisashisa nje: "Indoda kaThokozile iyathembeka bo! Isaba ngisho nokumthinta kodwa lokhu owesifazane engamazi. Iziphatha kahle indoda enjalo. Iyaziqoqa, iziqoqa impela. Kuhle kakhulu lokhu kuziphatha kwakho, Ngcolosi. Uyajabula uThokozile ngokuthola indoda eziphatha kahle kanjena. Uwinile uThokozile. Umtshele ngithi kuye: *win!*"

"Uyakhuluma?"

"Habe! Ungizwile. Awusiso isithulu."

"Uthini?" Ngingamphenduli. Aphinde abuze emuva kwesikhathi eside: "Ukhuluma nami?" Ngingamphenduli.

Kwathula kwathi cwaka, endlini yami, sikhungethekile ebumnyameni!

Ngizithole sengicabanga ngoThokozile futhi, okusobala ukuthi usegqilaza umqondo wami. Sekukuncane engikucabanga ngaphandle kwakhe. Uyayenza imali ngalesi sikhathi sekhorona njengoba utshwala buvaliwe nje. Udidiyela imfulamfula nalo gavini ababuye bawubize ngomzabiya lapha endaweni yakithi. Kuzwakala nokuthi uyinkampani yomshoshaphansi namaphoyisa athize, athatha utshwala kwezinye izipoti, abufake laphaya kwakhe, bese kuhlukaniselwana imali. Nabo utshwala lobo kuthiwa abusaduli bunomuntu phansi.

Nangogwayi kuthiwa wenza enhle imali. Amaphoyisa asebenza nawo ashaqa ugwayi kwezinye izindawo nakubantu abawudayisa ungamaluzi, bese ewuthinsilele laphaya kwakhe. Wenza eshisiwe imali ngogwayi, phela usudula kabi. Cabanga nje, sekukhona amadoda adlula kwakhe ekuseni uma eya emsebenzini ukuze athole amaluzi, ngoba iphakethe logwayi alisathengeki, kuthi noma eshayisa emsebenzini, indlela idlule khona, athenge amaluzi okuyophafuza ebusuku. Abanye baphuma khona begodle amabhodlela kagavini, bawuhaqe ubusuku bonke. Abantu abaphuza lo gavini nemfulamfula khona bashintshe ibala ebusweni, sengathi bahashulwe ngumlilo wequbula. Abanye bahamba sengathi bayaqhuzula. Labo-ke badakwa ngokushesha, bephuze into encanyana nje. Kuthiwa nezimbamgodi seziningi kabi lapho.

Ngishaywe uvalo. Uma uNgcolosi engaphenduka isimbamgodi sikaThokozile, ngingaba yini nje emphakathini?

Abantu abahlakaniphile lesi sikhathi sekhovidi sibalethele umnotho. UThokozile usethenge iveni elihle, eliyisekeni. Liyezwakala njalo ebusuku lidlula lapha eduze kakwami, lithwele umthwalo wotshwala nogwayi. Lidume njalo lize liyofika kwakhe. Umnotho wakhe ukhiqiza njengamakhowe! Amakhansela wona alethela abangani nabamaqembu abo amaphasela okudla ngamabili ebusuku, esegcwalise emagalaji awo nawezihlobo. Ekuseni thina ziwula siyafika enkundleni ebekwabelwa kuyo, sesifakazelwa ukushuduleka kwayo ukuthi umsebenzi ubukade umkhulu ebusuku. Sizikhuthaza ngokuthi, thina asibona abathakathi, siyalala ebusuku. Noma kunjalo, sibulawa yinkemane. Sathenjiswa imali enganga-R350,00, kepha ayifiki. Sivuka njalo phakathi kwamabili, senze imigqa emide lapho kuthiwa itholakala khona, kodwa ilanga lize lishone singatholanga lutho. Sivukele khona futhi ngakusasa. Ithemba kalibulali, indlala ibhokile.

Ngicabanga lezi zinto nje, umyeni wami useyahonqa, unuka uthi fu! lo gavini awuhaqa kaThokozile. Ngiyethemba namhlanje uphuzele phezulu, ethi ungithathela ipulagi, ngokusho kwabo.

Ulayekile. Ngimshayise umoya, wajabha. Ngiyakwazi mina ukujabhisa umuntu ongithathela ipulagi yotshwala.

Ukusa kwaziwa ngumyeni wami. Kwathi uma kuntwela ezansi, waphuma sengathi uyochitha amanzi. Nanguya kaThokozile! Ngiyethemba wangena embedeni kaThokozile usafudumele kamnadi, owami wawushiya ubanda mpo! Unjalo-ke umhlaba uma ukuhlasela.

Kuthe uma ilanga liphakama, ngageza izinyembezi nosizi ebusweni bami, ngazimisela ukubhekana nomhlaba ngingenamidwa engenza ngihlekwe yizitha zami. Ngaya emahhovisi kamasipala ukuze bangisize bafonele eCuba, babuzisise ngale ndaba kaThami. Ngafika khona kukhona abantu abambalwa kakhulu ngenxa yemigomo yokuxhumana yekhovidi. Ngokwesiko lakhona, kwathiwa ngisanithayize, kwathathwa izinga lokushisa emzimbeni, ngabhalisa izinombolo zomazisi nezefoni, ngabuzwa imibuzo eminingi ngempilo yami: njengomkhuhlane; ngike ngaba seduze komuntu otholwe enekhorona; njll, ngabe sengihlala emabhentshini okulindwa kuwo abaya ehhovisi likaMeya. Kuthiwe ihhovisi lakhe elizongisiza.

Kubonakale ukuthi ngisazohlala isikhathi eside lapha, yize singifuthelisa lesi sifonyo esifakwayo ngenxa yemigomo yale khorona. Ngithi ngiyabuza ukuthi ngizosizwa nini uma ngibona sengathi sebekhohliwe ukuthi ngilinde uMeya, bangiphendule ngokuthi uMeya usebhizi emhlanganweni wamathenda, angibenesineke, ngilinde nje, uzongibona uma esekhululekile.

216

Kufike omunye usisi kimi, uphuma kulo leli hhovisi likaMeya. Abuze ukuthi ngabe inkinga yami ingakanani uma kubonakala sengathi angisizwa nje. Ngimchazele engihamba ngakho. Ngimtshele nokuthi ngilinde uMeya. Kumcasule lokho. Ngimuzwe nje ethi, "Ugijimisa amathenda lowo. Akanaso nhlobo isikhathi sabanye abantu." Uma esezwile inkinga yami ngengane eseCuba, angicacisele ukuthi kusetshenzwa kanjani: Kufanele kufonelwe u-*MEC*, yena axhumane no-*Premier*, yena axhumane ne-*Embassy* yaseMzansi ukuze yona ithintane ne-*Embasy* yaseCuba. I-*Embasy* yaseCuba nayo kufanele yehle ngaleyo *protocol* ize iyofika esikoleni sobudokotela okufunda kuso uThami, ithole amaqiniso. Le ndaba izobuya futhi ngaleyo *protocol* ize iphume eCuba, ingene eMzansi. Nakhona eMzansi kube yikho lokho, uma isifike ku-*MEC*, izodlulela kuMeya, kumasipala, nguye ozoxhumana nami.

Ngahlala-ke lapho, eside isikhathi lesi. Kuthe uma ngibona ukuthi izindaba ngomntanami sezifikile kula mahhovisi, ngabona sebengishalazelela manje. Hawu! Nansi indaba bo! Sekuyangicacela manje ukuthi uThami akasekho emhlabeni. Bavama ukwenza kanjena abantu uma bekufihlela isifo esiqindone nawe. Angisatshelwa yini pho ngaso ngoba indaba ngeyami? Kuthe makhathaleni, le ntombazane engunobhala kaMeya yathi bathi ibuze ukuthi ngihamba nobani. Ngathi babuzelani ngoba babonile nje ilanga lonke ngihlezi lapha ukuthi ngihamba ngedwa. Bangabuza kanjani manje ukuthi ngihamba nobani, ozifihle kuphi sonke lesi sikhathi?

Ixolise intombazane. Ayizimiselanga ukungikhubaza umoya. Idlulisa ekuthunyiwe. Bathi le ndaba abazongitshela yona inzima, ifuna ukubambisana. Sengithuke. Amaphaphu ami aphezulu. Abangitsheli yini iqiniso? Sengimdala phela manje, futhi ngingunina wale ngane engilapha ngenxa yayo. Ifihlelwani manje le ndaba?

Emuva kweside futhi isikhathi le ntombazane engunobhala kaMeya, ibuye, ithi uMeya uthi uzokhuluma nami, kodwa kunzima ukuthi akhulume nami ngingedwa ngale ndaba. Kungcono ngiye ekhaya, ngibuye nobaba womfana kusasa. "Uphi yena ubaba wasekhaya?"

Habe, le ntombazane isibuza sengathi iyamazi ubaba kaThami! "We Ntombazane! Ngabe lezi zindaba ngezami noma ngezikababa kaThami? Ihlangana kanjani le nto nobaba kaThami ongekho lapha, mina ngikhona? Yimina ofuna izimpendulo ngoThami?"

"Akubuzi mina ma wami. Kubuza uMeya la ngaphakathi. Ngizwa ethi kungcono ufike nobaba wengane kusasa uzothola umyalezo ngomfana wenu."

"Senixoxa ngale ndaba lapha ngaphakathi? Eyenu manje." Lo ntombazane ahlahle amehlo, achithe izandla. Kungidine lokho kwenza kwakhe kwe-*model C*. Une-*model C* nje engidinayo lo mntwana. Ngokunengwa, ngimphendule le ndaba ayifunayo: "Ngabe ukuthi ubaba kaThami ukuphi, indaba kabani lapha kula mahhovisi enu?" Angaphenduli. "Lalela-ke, ukhona ubaba kaThami. Ake ubabuze laba abakuthumile ukuthi bangibuzelani ukuthi uphi ubaba kaThami." Athule. Ngibuze: "Ubatshele futhi ukuthi ngifuna ukwazi ukuthi ukube bekukhona yena yedwa ubaba kaThami lapha, bebezombuza yini ukuthi uphi umama kaThami?" Akanampendulo. "Hamba ubabuze, ubuye nempendulo." Abakaze lo ntombazane, kodwa ahambe, abuye esethi bathi bayaxolisa. "Yini abaxolisa kuyo? Phindela emuva ubabuze lokho. Batshele futhi ukuthi ngithi bangangithathi kalula ngale ndlela abajwayele ukuthatha ngayo abasifazane abafana nami. Ubatshele ukuthi ngithi kuwubandlululo lobulili lokhu abakwenzayo – lolu udaba esikhala ngalo mihla namalanga ukuthi lubhidlangile emhlabeni wonke jikelele. Batshele bangithathe njengomuntu, hhayi njengomuntu wesifazane. Hamba." Abakaze. Ngithule isikhashana, ngimbheke ezintangeni zamehlo. "Utheni wena ungumuntu wesifazane uma uthunywa izinto ezikulalaza kangaka? Awuboni wenziwa unopopi nje, uyisifazane?"

Ahambe lo nobhala kaMeya. Yena uyahlonipha *shame*, kodwa uyambona ukuthi usejwayele ukuthunywa izinto ezibhedayo, ubulawa nayile *model C* yabo. Ezinye izinto azithunywa yila madoda kufanele azilungise ngokwakhe ukuze zizwakale kahle lapho ziya khona – njengalena nje yokubuzwa indoda ngingumuntu wesifazane, ngifuna izimpendulo manje, kepha kuyezwakala ngoba uqale athi, 'bathi', okusho ukuthi kukhona okubhungwayo ngale ndaba lapha ngaphakathi.

Uma ebuyisa impendulo yemibuzo yami, wathi ufike ehhovisi uMeya esehambile. Usezobuya kusasa ekuseni. Angisale sengilala ngenxeba, ngibuye ekuseni nobaba kaThami njengoba uMeya eshilo. Uyadingeka naye ubaba kaThami, njengomzali. Abazali bayalingana.

Ngezwa-ke ukuthi ngokukhuluma ngokulingana kwabazali, sebahlasela mina. Ngavuma ukuthi ngizohamba bese ngibuya naye uyise kaThami. Ngamtshela kodwa lo ntombazane ukuthi lokhu kuhamba kwami ngiye ekhaya ngibuye ngibuye ngelanga elilandelayo, bangakwenzi sengathi kulula nje ngoba ngihamba ngemali yami yokuhlupheka, hhayi ngemoto ethela uphethiloli kamasipala. Okwesibili, abazi yini lapha kula mahhovisi ukuthi lesi yisikhathi semigomo yekhorona. "Isikhathi sokuhamba sesiyangishaya. Ngizofika phambili amathekisi aya ekhaya engasekho. Ngenkathi ngiza lapha, ngigibele kathathu, ngisazogibela kathathu futhi ukubuyela emuva. Benithuleleni ngokufuna ukukhuluma nobaba kaThami isikhathi eside kangaka ngoba nginibonile ukuthi le ndaba seniyayayazi?" Impendulo entombazaneni kube ukuphakamisa amahlombe ngokudinwa. Yangifulathela, yahamba, ngiyethemba ngesiNgisana sakulezi zikole zabo, yasholo ngaphakathi yathi: *It's not my problem!*"

Lo sisi udinwe ukuthi uMeya ugijimisa amathenda weza kimi, wathi ulaphaya ngaphakathi. Uyisekela likaMeya. Ukuzwile engikushoyo, futhi uthande isibindi sami nokumela amalungelo abesifazane. Wangitholela umshayeli, wathi angihambise. Wamtshela ukuthi angilande kusasa ekuseni nobaba kaThami. Angiphe ikhadi lakhe, athathe imininingwane yalapho ngihlana khona. "Mina nginguDelo, uDelisile."

"NginguThembeka, ngendele kwaBhengu. Ngizalwa kwaSithole."

"Ngiyathokoza ukukwazi MaSithole. Ngiyethemba sizobonana kusasa. Uma kungenzeka bakulindise isikhathi eside kangaka laba abagijimisa amathenda, ufune mina. Ngizozama ngakho konke okusemandleni ukukusiza."

"Ngiyabonga, kodwa usho ukuthi nawe usunqena ukungitshela izindaba ngomntanami sengathi nonke seniyazazi kuleli hhovisi likaMeya?"

"Khululeka. Buya kusasa. Nginqena ukumosha indaba yomunye umuntu."

Ngingene emotweni engisa kwami nginomunyu. Uma ngifika ntambana ekhaya, ngokwenjwayelo akekho ubaba kaThami ndini lowo ofunwayo. Ukuphi? KaThokozile. Ngamfonela-ke. Ifoni yakhe yaphendulwa isithandwa sakhe. Ngasho ngenhliziyo ngathi: Cha! Ayajabula amanye amadoda! Umyeni wami usethole unobhala omphendulela izingcingo.

Ngamtshela-ke unobhala wababa kaThami ukuthi atshele umyeni wami ukuthi uyafuneka kamasipala ekuseni kusasa. "Umyeni wethu!", ngilungiswa uThokozile. "Uma ngingathi uNgcolosi umyeni wami, uzothini?", kubuza yena. Angibange ngisayiphendula leyo. La magama aziswana esesho khona lokho: uNgcolosi usengumyeni wakhe. Ukufelwa yingane akusiyona into encane. Kuyomfikela naye uThokozile ukufa. Ngalelo langa kuzokusa engavalanga izinkophe. Okwamanje akagiye ngoba inkundla kusengeyakhe.

Lobo busuku bababude kunabo bonke ubusuku engake ngaba nabo empilweni yami. Ngangifisa kuse ngokushesha ukuze ngingene endleleni, ngithole kahle le ndaba ngokushona komntanami. Ngalesi sikhathi besekungicacela bha, ukuthi ushonile uThami! Kwake kwathi angikhale kakhulu, ngiklabalase ukuze ngibhodle, kepha ngazibamba. Uma ngingenza njalo, bazojabula kakhulu abayizitha zami bengizwa ngimpongoloza ngedwa endlini, bazi kahle ukuthi umyeni wami ukaThokozile. Bazovuka bahleke ekuseni, bethi bengikhalela indoda ubusuku bonke. Ngadedela izinyembezi, zagobhoza. Ngikhalela ingane yami. Ubani ozomkhalela kweqiniso ngaphande kwami, sesidinwe kangaka yizinyembezi zezingwenya?

Mina lo mntwana ngikhumbula konke engizihluphe ngakho ngaye ukuze afike kulesi sigaba sokufundela ubudokotela. Ngamthola ngemuva kweminyaka emihlanu ugogo wasemzini esebeletha itshe, elithuthuzela: "Lala wena zukulu, lala. Ugogo uyakuthanda." Wake wamthanda-ke ugogo ndini lowo wakhe esefikile umntanami?" Ukube asilulekwanga sinomyeni wami ukuthi siyofuna inxiwa lethu kude le nalowo gogo womntanami, ngabe kudala ngamtshala lo mntanami. Wathi noma esethumela ugogo wakhe lowo ukuthi umzukulu avakashiswe, ngalokhu ngimziba nje. Ngangingeke ngithumele ichwane lami kunoheshane.

Esikoleni wafunda kahle kakhulu umntanami, umatikuletsheni wawuphasa ngamalengiso, wathola o-A abathathu nabo-B kuphela. Uphi namhlanje? Ufele eCuba, kude kangaka. Hai! Isitsha esihle asidleli.

Ngikhiphe incwadi angibhalela yona emuva kokuphasa unyaka wesihlanu wezifundo zobudoktela: "Mama wami engimthanda kakhulu. Sesiya emaphethelweni manje ezifundweni zethu thina abangene onyakeni wesihlanu njengoba lona kuwunyaka wethu wokugcina. Ngiziphase ngamalengiso zonke izifundo zami zonyaka wesine. Ngiyisilomo manje lapha eCuba. Bathi, 'Dkt. Thami' kugcwale umlomo. Uma sengiphothule izifundo zobudokotela, ngizokuthengela imoto enhle, ekufanelayo. Ngizokwakhela umuzi omuhle, ozoziqhenya ngawo. Ngiyakuthanda mama wami. Yimina, uDkt. Thami"

Ha! Uhambile manje uDkt. Thami. Iphi leyo moto yesithembiso, Dkt. Thami? Uphi lowo muzi, Dkt. Thami? Kungcono ukube ngithi uma ngizibuza le mibuzo enjena, ngiphendulwe umyeni wami. Lezi zinhlungu zokufelwa ngizizwa naye. Akunjalo. kepha ngizizwa ngedwa sengathi le ngane ngayithola ezihlahleni. Le nkolombela engubaba kaThami ilele kamnandi kwezifudumele kaThokozile. Cha! Okwami ekwezandla.

Uma kufika lo bhuti ozongilanda ekuseni, ngimtshele ukuthi okungcono asidlule laphaya kaThokozile, sithathe ubaba kaThami khona, hleze usayofuna la maluzi abo khona – ngiqamba amanga aluhlaza, noma ngiwazonda kangaka.

Uma sifika kaThokozile, ngithume yena lo bhuti ukuthi angene, ambize. Lo bhuti athi uthi uyeza. Kuthathe isikhathi eside nesidinayo engaphumi, ngize ngixakwe ukuthi ngabe usebanjwe yini. Hleze usathatha amandla. Angibe nesineke, ngingaphazamisi. Ezinye izinto lapha emhlabeni zitholwa ngesineke, hhayi indluzula. Ngalinda-ke.

Uma ubaba kaThami ephuma, uselandelwa uThokozile. Bangena emotweni, bahlala bobabili esihlalweni esingemuva. Okusobala ukuthi mina ngizohlala nalo bhuti oshayelayo. "He! Nanku umhlola bo! Thokozile, ungena kuphi wena ezindabeni zikaThami?" Athithize uThokozile. "Lalela lapha, sisi. Ungilalelisise. UThami owami nale ndoda kuphela. Uzwile?"

Wananaza uNgcolosi emmela: "Hhayi, hhayi, nkosikazi. Ngibone kungcono ukuthi umnewenu ahambe nathi ukuze azosizwisa kahle lo mhlola ngoThami."

"UThokozile usengumnewethu! Hhayi bo! Ungithatha kanjani wemyeni wami? Mina angisuye unkosikazi wasesithenjini. Uma ufuna unkosikazi wesibili, uboke uthi ngikubhekise umuntu onesimilo, hhayi le nto! Usufaka lo nonkiloyi ezindabeni zomuzi wami, nazo ezibaluleke njengalena? Yini kanti lena uThokozile akudlise yona uma usulahlekelwe ubuqotho nobudoda kangaka?"

"Ngithe ngifuna ayosizwisa nje kuphela, nkosikazi."

"Amanina akhuluma kanjalo. Mina nawe siyozwiswa uThokozile! Uyosizwisa ngengane yethu, baba! Yini uThokozile angabhekani nalo hazane lwakhe wezingane aluzalela wonke la madoda ake athandana nawo? Usezozwisa mina ngokufa kwengane yami? Mina ngishadile kulo mendo, angikipitanga. Uma wena udinga ihlombe likaThokozile uma utshelwa izindaba zomntanakho, mina anginjalo. Izolo ngihambe ngedwa, ngingadinge ndlebe yomunye umuntu, neyakho kanjalo. Nakhu-ke bathi ngibize wena sengathi ngeke ngimele ukufa komntanami, wena ubiza le nto yakho. Ufuna ukwesekwa yiyo? Unetwetwe ngezindaba zomuzi wakho uyindoda?" Ngibheke uThokozile ngokuzimisela ukumbamba ngezinwele ngimxhafaze emotweni. "Nondindwa ndini, hlukana nathi. Siyaphuthuma. Phuma manje lapha emotweni! Uyezwa!" Waphuma, dade. Nanguya ephindela emuva ephoxekile. "Uyaziphoxa ngokugxambukela."

Isikhashana uThokozile ephumile, kwathi kimi fi, emehlweni! Ngezwa sengathi ngicwila ngaphakathi kwamazwi abantu abanonya, abangithethisayo. Bayangihleka, bayangikhomba, bayangijivaza. Ngaphaphama lo bhuti oshayelayo esengithinta, engibuza ukuthi sekungahanjwa na. Ngavuma, sahamba.

Endleleni umqondo wami wawudungekile, waze walunga sekuthiwa asehle, sesifikile kamasipala. Ngenza isiphambano samaRoma, ngehla. Uma sifika ehhovisi likaMeya, leya ntombazane ekhulume nami izolo isamukele kahle. Ithi silinde kancane laphaya ezihlalweni zokulinda phandle, uMeya usenomhlangano obalulekile wamathenda.

"Omunye futhi!"

"Khululeka, ma wami. Uzonisiza maduze nje." Akubanga njalo. Kwathi uma sekuya ezikhathini zamadina, sengibona abasebenzi bephuma bayofuna ukudla, ngaphindela kuleliya hhovisi. Ushukela wami usuphezulu, kanti ne-*BP* nansi ibhokile. Izolo ngilale ngingajovelanga ushukela, futhi ngingadlile. Nakhu ekuseni sesivukela endleleni, ngingadlile, ngingajovelanga ushukela, ngingathathanga namaphilisi e-*BP*. Ngicele ikhofi kulo sisi. Athi ngibuyele endaweni yami, uzongenzela. Nebala alethe izinkomishi ezimbili.

Sithi sisaphuzaphuza itiye lelo, kuphume uDelo ehhovisi eliseduze nje nalapho sihlezi khona, asibize: "Hawu, senilapha? Wozani ngapha," ethi asimlandele. Samlandela ukuya ehhovisi okuboonakala kungelakhe. Sahlaliswa kahle phansi. "Lalelani-ke. Indodana yenu uThami seyashona. Ngiyaxolisa ngokushona kwakhe, futhi ngiyaniduduza. Kuthiwa washona kungaziwa ukuthi ushonile. Labo afunda nabo bake bamfuna ngoba bengamboni emakilasini. Bathi wabulawa ugesi wesitofu, kungathi wayebilisa amaqanda. Kungenzeka ukuthi wazumeka esalinde amaqanda ukuthi avuthwe. Amaqanda agqabhuka, amanzi akhukhumala aze achitheka, acima isitofu. Sona sabe silokhu sikhipha ugesi, okukholakala ukuthi yiwo owamxhila elele, akabange esaphaphama. UThami watholwa ngokuthi kubonakale sekuphuma izinondo phansi kwesicabha sefulethi lakhe, esezimudle zamqeda. Ngaleso sikhathi etholwa, bese kuvalwe izindiza eziphumayo nezingenayo ngenxa yesimo sekhorona. Kwaba nzima-ke ukuthi bamlethe eMzansi."

"Ngcolosi, uyayizwa wena le nto echazwayo?"

"Ngiyayizwa."

"Mina angiyizwa kahle. Yini eyenze kuthathe isikhathi eside kangaka ukuthi saziswe? Nakhona indaba siyithole nge-*sms* engacacanga nje!" Ngibuze ngimangele ukuthi yini efihlwayo.

"Angikwazi-ke lokho. Kuke kwaba khona umbuzo izolo othi kanti konke lokhu wena mama ubungazi yini ukuthi indodana yakho ishonile."

"Bengingazi. Nina benazi?"

"Sengathi abaseCuba bathi balubika lolu daba eMzansi," akawuphenduli umbuzo wami. "Futhi sengathi u-*MEC* waziswa, wayefanele akwazise ngoMeya." Kuthuleke isikhashana. "Kusolakala ukuthi ngenxa yemigomo yekhovidi, laba engibabalile besaba ukunitshela ngoba bekuzofanele ingane yanu ilandwe – into engeke yenzeke ngalesi simo sekhorona."

"Baba, ngabe uyizwa kahle wena le nsambatheka?"

"Angiyizwa. Ukufa komntanami kufihliwe ngezizathu ezingezwakali kahle. U-*MEC* uyazi, noMeya uyazi. Yithi nje izilima ebesingafanelanga ukwazi."

"Kungenzeka ubesezama ukwenza ithenda. Ngizwa kuthiwa omasipala benza enhle imali ngemingcwabo kulesi sikhathi sekhovidi." Ngisho ngimbheke ezintangeni zamehlo uDelo. Avume ngekhanda: kunjalo.

"Kungcono manje nixhumane nehhovisi lika-*MEC*, nihlukane nalo Meya wamathenda. Into enifanele niyiqaphele uma esebuyela kini lo Meya, ukuthi ninqabe uma ethi ufuna ukunisiza ngezindleko zomngcwabo. Kuzobe sekuyithenda kuye lokho. Unebandlana enza nalo imali enhle ngalokhu kuqamba amanga athi usiza abantu abahluphekayo ngemingcwabo. Uqinisile, benza enhle imali, enhle kakhulu ngemingcwabo yekhorona. Ake ngithi nje uma bezothenga ibhokisi likamufi nge-R10 000,00 bona benze i-*claim* ye-R50 000,00."

"Baba, usayizwa kahle wena le nto esicishe sangena kuyo?"

227

"Imvamisa sekusetshenzwa kanjalo manje komasipala abathize. Kukhona abantu abathize abasenga le nkomo yekhorona." Aphendule kahle umyeni wami, ngize ngijabujabule ukuthi okungenani sindawonye manje lapha.

"Siyabonga ngokusichazela kahle kangaka, sisi uDelo. Sibonga nokusiqwashisa ngezinswelaboya." Ngumyeni wami futhi lowo, ekhulumisa okwendoda eqotho, hhayi lesi siyoyoyo sikaThokozile.

"Siyabonga, Delo. Sesingahamba manje ngoba iqiniso sesiyalazi. Umoya wami usukhululekile." Ngibonge nami.

"Into eningayenza manje, ukuthi nifonele u-*MEC*, nizwe ukuthi isidumbu sendodana yenu sizofika nini lapha eMsansi. Ngizongena ehhovisi likaMeya, sifone khona."

"Siyabonga." Ngumyeni wami lowo.

"Lalelani-ke ubulungiswa abenziwanga ngale ndaba yenu. Into engizoyenza mina, le ndaba ngizoyifaka ku-*social media*. Ngizohlaba ngihlakaze le nto yokungaphathwa kahle nguMeya ogijimisa amathenda, abe enifihlele isifo sengane yenu. Bonani nje, nilandwe ekuseni, kepha le nto eniyibizelwe anikayitshelwa namanje. Usabheke amathenda. Izolo wena mama uduve lapha kwaze kwashona ilanga uMeya enza sengathi akakuboni, enake osomathenda."

Sivume ngomoya ophansi ukuthi uDelo asilwele le ndaba nge-*social media*. "Noma ulwa nje uzwile bethi ithemba lokungcwaba

228

umntanami lisekude. Uzofika nini u-*level 4*? U-*level 3* U-*level 2,* U-*level 1* yena?"

"Lokhu kufaka le ndaba yenu ku-*social media* kuzokwenza izinto zihambe ngokushesha. Wozani-ke." Simlandele, singene ehhovosi likaMeya, sifonele u-*MEC*. U-*MEC* aqale ngokusiduduza, agcine esewawaza nje into engezwakali.

"*MEC*, angiyizwa yonke le nto oyikhulumayo. Ukushona komntanami nikufihleleni isikhathi eside kangaka?

"Cha! …e…e…ee. Hhayi, hhayi, …e…e…ee."

Ngaso leso sikhathi, isikhathi sama ntse! into engenza ingxenye yomzuzu. Kwathula umoya. Kwama newashikazi elihamba ngomsindo obondeni kuleli hhovisi. Umsindokazi wezimoto namatekisi phandle wathula kwathi cwaka! Kwathula amajuba nezinyoni phandle. Kwathi nje, cwaka! Kulokho kuma kwesikhathi okuyisimanga, ngalizwa izwi lomntanami lapha nje eduze kwami lithi: "Mama sengibuyile eCuba." Kwaba sengathi ngiyasangana, ngabuye ngaphaphama ngokushesha. Ngilizwe kahle izwi lakhe: "Mama sengibuyile eCuba."

Kuthe uma isikhathi sithathela sihamba futhi, ngezwa sengathi ngingena empilweni entsha, eyaziwa kuphela abesifazane abake bashonelwa izingane. Ngezwa bungimbatha lobu buhlungu obuhlala ingunaphakade phezu kwesimo sempilo yowesifazane oshonelwe yingane yakhe yamazibulo. Ayichazeki le nhlungu, kepha iba yingubo ayimbatha ubusuku nemihla. Hleze yingakho nje nanamhlanje kuthiwa kuye kusashisa amaseko, zila.

Uma isikhathi sempilo entsha sithathela emuva kwaleyo ngxenye yomzuzu, ngezwa u-*MEC* ngalena kocingo ethi: "*Hello, hello! Usekhona ecingweni? Hello, hello! Usekhona?*

"Ngisekhona."

"Bese ngithi unqamukile. Bese kuthule kakhulu, sengize ngicabanga ukuthi silahlekelene ezingcingweni."

"Ngisekhona."

"Uzwile ngitheni?"

"Utheni?"

"Ingane yakho yashona. Nxese. Seyashona. Kuda… Wathula, u-*MEC*. Ufuna ukuzwa ukuthi iyazinza emqondweni wami le nto yokushona kwengane yami. "Kudala yashona", aphinde futhi. "Kudala yashona?"

Ngibuze. "Uthi kudala yashona?"

"Nxese. Nxese. Akwehlanga lungehliyo. Lala ngenxeba."

"Hawu! Unesibindi sokufihlela umzali wengane isikhathi eside kangaka ngesifo somntanakhe!"

"Ngizwile nayizolo ukuthi benifuna ukwazi ngale ndaba. UMeya kudala athintwa ngayo."

"Akakangazisi-ke uMeya wakho lowo. Nayizolo ngihlale lapha kwaze kwavalwa emahhovisi enza sengathi akangiboni, eya phansi naphezulu namathenda. Wagcina ethe ngihambe, ngibuye namhlanje nobaba wengane. Kwenziwa imali nje lapha kuleli hhovisi likaMeya. Ngiyethemba nalo mngcwabo womntanami niwufihlile khona ukuthola ithenda ninalo Meya wakho …" Angivale u-*MEC*.

"Yini ingane yenu ningayenzeli inkonzo ye-*cremation* khona lena eCuba?"

"Mina angifundanga. Yini leyo *cremation* ngesiZulu?"

"Ukushiswa kwesibumbu. Uzofanele ashiswe umntanakho, mama. Akukho okunye okungenziwa ngalesi sikhathi semigomo yekhorona. Isidumbu sakhe ngeke silandwe eCuba ngenxa yesimo sekhorona. Kungcono ashiswe nje kwaphela."

"Habe! Nansi ingulube inginonela bo! Unaye wena umntwana owake washiswa? Khona ukushonelwa yingane uyakwazi kunjani? Usuke washonelwa yingane wena?" Athithize u-*MEC*. Athi le nto ye-*cremation* ayikho ngaye, ingesimo sekhovidi esikhona manje nemigomo yayo. Angizame ukuzwisisa. "Ngeke uThami alethwe eMzansi kusenemigomo yokuvala izinsiza ezithize ngenxa yale khorona. Le nto ingemigomo yekhorona, hhayi ngami. Uyazwisisa?"

"Uqinisile, wena *MEC* wabantu uma uthi le nto ayikho ngawe. Ingami. Yingane yami lena eshonile, hhayi yakho. Iyeza nakuwe le mini. Ngalelo langa, nami ngizokubuza: "Ngabe uzomshisa yini umntanakho?"

"Angisho kabi wena mama wabantu", sengathi ungishaya ngamagama ami. "Ngisho ukuthi kulesi simo sekhovidi kunemigomo. Awekho amabhonoyi ahambayo kulesi sikhathi.

231

Yonke into imisiwe. Ngeke umntanakho sikwazi ukumletha eMzansi. Kungcono isidumbu sakhe sishiselwe lena eCuba. Awuboni kungcono ashiswe?"

"Ngabe bonke abafele eCuba bayashiswa kulesi simo sekhovidi?" Angaphenduli. "Ake ngibuze-ke. Uma ningifihlele isikhathi eside kangaka ngesifo somntanami, ngabe benisazama khona ukumshisa mina nina wakhe ngingazi? Ngeke umntanami ashiselwa eCuba, mina ngilapha. Uzongcwatshwa lapha! Uzobona, kuzokwenzeka lokho. Ngeke nje ashiswe."

Abeke ucingo phansi u-*MEC*. Useyangivala njalo.

"Baba, uyizwile le nto ekhulunywa ngengane yethu?" Umyeni wami angiqhunsulele amehlo, ngingatholi ukuthi uyizwile noma usaphethwe ibhabhalazi lotshwala bayizolo. Kukhona ukudideka emoyeni wakhe, ukube uyakhuluma, ngabe ngiyazi ucabangani. Udideke impela, yiyo le ndida emdakile.

Uma siphuma ehhovisi uDelo ahleke kancane, athi: "Lamlahla bo, idlozi lakhe lo *MEC*! Le nkulumo yokuthi ingane yakho wena mama ishiswe ngiyiqophile. Ngizoyifaka ku-*social media* nasemaphephandabeni khona manje. Uzalelwe yinja endlini. Uzovuka ekuseni sekusha izinkalo. Ngeke asawucima lowo mlilo. Lo Meya ogijimisa amathenda nezimali zemingcwabo yabantu abahluphekayo uzoyikhotha imbenge ishisa. Simphelele isikhathi sokudla ibhotela thina siphila ngombhobe."

Uma sifika ekhaya ntambama nomyeni wami, ngishaywe uvalo, endlini yethu sekuculwa "Amagugu aleli lizwe ayosala emathuneni". Ngiphelelwe amandla. Ngime, ngishaye isiphambano samaRoma. Nanguya umyeni wami usengishiye khona lapho ngimangele. Ujahe endlini, uyaphephuka. Kazi uphuthumani?

Hawu! phela le ngoma iculwa ekameleli lami lokulala. Uma ngingena ngibone isimanga. Habe! UThokozile usehlezi fufununu ematilasini wombhede wami, ugonqile njengomama ofelwe. Ikamelo lami lipheqiwe, umbhede awukho, kanye nezinye izimpahla zami ezibalulekile. Sekuvulwe indawo yabantu abazoduduza, kwabekwa ipuleti labaduduza ngemali, linemadlana yokuhlupheka - lena emnyama, kwakhanyiswa amakhandlela. Ngime isikhashana lapha emnyango sengathi ngiyaphupha. Ngivale amehlo, ngithi uma ngiwavula, ngibone ukuthi angiphuphi. Ushukela uphakame, i-*BP* yaphakama kwaba sengathi ngizoquleka. Ngashaya isiphambano. Ukhona lona kulaba bantu abalapha engingamuzwa kahle, ongimema ukuthi ngihlale phansi sengathi angikho emzini wami. Kanti sekukabani lapha? Ngime nje lapha emnyango, abuye amandla.

Kuthe uma leyo ngoma iphela ngokushesha ngokubona ukumangala kwami kwabayiculayo, ngabuza umnyeni wami, "Ubani owenze ikamelo lami kanjena?"

UNgcolosi akhombe uThokozile ngekhanda. "UThokozile, ucelwe yimi. Akazenzelanga."

"Wathi enze umuzi wami le nto engiyibonayo?"

Hhayi, hhayi. Yimina nkosikazi othe alungise ikamelo lethu ukuze mina nawe sifike konke sekulungile, ukuze abazosiduduza bathole amakhandlela esekhanya."

233

"Esekhanya emzini kabani? Ekhanyiswe yilo nondindwa? Kwami? Washesha bo, ngokukhanyisa amakhandlela. Ujahe le madlana?" Ngayikhomba.

"Hhayi, hhayi. Khululeka, nkosikazi. Kusho mina ukuthi enze lokhu."

"We ndoda ndini, uyamangaza. Ngihamba nawe ilanga lonke leli, kepha lutho ukungikhulumisa njengonkosikazi wakho. Ngisho nokungitshela nje le nto othi uthe lo mfazi ayenze ekameleni lami. Ngikubona nje ulokhu usithela ngamakhona ufona, kanti ukhuluma nalo nondindwa wakho ukuthi awenze njena umuzi wami? Alenze njena ikamelo lami?"

"Yini into embi lapha ngoba ukusizile nje?

"Awuyiboni?"

"Cha!"

"Ngeke usayibona. Kwenziwa ukuthi awusangihloniphi. Anisangihloniphi impela." Abuya amandla manje, kwaba nento engishisa ekujuleni kwempilo yami. Yaphakama, yathi kimi: zilwele Thembeka! Sesifikile isikhathi sokuthi ubuchithe bugayiwe manje. Mshaye! "Wena mfazi ndini, unesibindi sokupeketula ikamelo lami sengathi elakho!" Ngamdizela. Ngafika ngamuthi hlwi! ngezinwedlana, ngamphakamisa ngekhanda. Wavuma, waphakama kalula. Ngamuzwa elula njenge phepha ezandleli zami. Ngamsunduzela obondeni ngamandla ami wonke, ikhanjana leli lakhe lathi qhu-u! kwaze kwanyakaza indlu yonke. Ngamdonsela kimi futhi. Ngamuzwa

234

eselula kakhulu manje. Ngamphinda futhi obondeni, qhu-u! Kuthe uma ngimdonsa okwesithathu, bangiphuthuma: "Vimbani bo! Useyambulala phela manje!" "Lamulani bo!" "Msizeni bo! Phela uyambulala ngempela!" "Hhayi bo! Nqandani!" Bangibamba ngamakhulu amandla, ngahluleka ngisho ukushukuma. Sengiphethwe amadoda anezikhwephakazi. Amandla ami aphelela ezandleni zawo. Ngaquleka.

Ngaphaphama esibhedlela, kwaba sengathi ngisephusheni, ngihlezi nomfana wami, ulokhu engiqinisa idolo: "Ngibuyile manje eCuba, Mama. Khululeka manje mama wami, sengibuye unomphelo. Ngisekhaya manje. Ngibuyile eCuba."

Ngazibuzisa kunesi ukuthi ngifike nini esibhedlela, wathi akubalulekanga lokho, bengiphathekile impela. Okubalulekile manje ukuthi ngibhekane nokululama kwami. Wathi bayathokoza uma sengiphapheme. Ngambuza ukuthi ngabe ngiphethwe yini, wathi ngibulawa yi-*BP* noshukela: kokubili kuphezulu kakhulu, yingakho ngicishe ngathola u-*level* 1 we-*stroke*, ngingakhathazeki noma kunjalo, ngizophila uma ngingadla amayeza kahle, futhi ngizivocavoce.

Emuva kwesikhathi eside kube sengathi ngiphakathi kobuthongo nokuphaphama, ngisalizwa leliya lizwi: "Mama sengibuyile eCuba." Kuthulile kuleli gumbi lami, sengathi lizikhethile, futhi simbalwa. Ngiyethemba elabantu bekhorona.

Habe! Nali iphephandaba elinesithombe sami libekwe eduze kombhede wami. Libhalwe isihloko ngezinhlamvu ezinkulu: "*MEC hides son's death in Cuba, then tells his poor mother to*

235

burn his body there". Kwabhalwa ngaphansi kwaleso sihloko: *"Mayor wants to cash-up on funeral of the son who died in Cuba"*.

Ngelanga elilandelayo ngithole kubhaleliwe futhi ephepheni, *"The mother of the son who died in Cuba is hospitalised for grief"*. Nasi nesithombe sami sayizolo embhedeni wesibhedlela. "Sithathwe kanjani?" Ngibuze unesi. Unesi athi akazi, noma kunjalo, kukhona umama ongilethele izimbali izolo. Azikhombe. Kungenzeka ukuthi nguyena lona oletha lawa maphepha ngoba atholakala esebekwe kahle ngemuva kokuhamba kwakhe.

Ngelanga elilandela lelo isivakashi sami sifike ngiphapheme kushukela ne-*BP*. Nangu lo mama okuthiwa ungiphathela izimbali nephepha, uDelo nje. Abingelele, bese ebeka etafuleni lombhede wami izimbali ezinhle kakhulu ukwedlula ezayizolo. Iphepha alibeke lapho amehlo ami asejwayele ukulibona khona. Linazo nanamhlanje izindaba ngami: *"MEC apologises for saying mother should burn her son in Cuba."* Kuphinde futhi kuthi: *"Mayor suspended over funeral corruption"*.

"Ngithe angizokubonga mama wakwaBhengu, ntombi kaSithole. Yimina manje osebambe ehhovisi likaMeya okwesikhashana, noma kunjalo, ngeke sisangiphunyuka leso sihlalo. Ngizokukhumbula uma sengisiqhoqhobele ngokuphelele. Uzowuthola umsetshenzana wokwenza itiye ehhovisi lami. Mina angifuni itiye le hhovisi likaMeya liphathwe izandla engingazethembi. Abantu bayaphela isibindi sengwenya laphaya kithi."

Ngithithize. Angazi ukuthi ngibonge lo msebenzi noma ngithini. Khona uma ngibonga ngizothi ngibongani?

"Ingane yakho sengizwile ukuthi iyabuya maduze eCuba. Ngizokusiza ngezindleko zomngcwabo, ngingakhwabanisi lutho." Athule isikhashana, agcine esebuzile, "Kuhamba kanjani ekhaya ngalesi sikhathi sekhorona? Abantu abaningi bashayekile. Ngike ngafika kwakho, ngabonana nomngani wakho uSindi. Wangitshela ukuthi imadlana yomuzi wakho iphelela kumakhwapheni womyeni wakho, uThokozile."

"Kunjalo. USindi, bakwethu! Ubengakutshela kanjani izindaba ezinjena?" Ngibe namahloni. USindi usetshele umuntu engingamazi izindaba ezinzima njengalezi!

"Lalela-ke. Njengoba sengiphethe ihhovisi likaMeya, ngizothumela amaphoyisa ashaqe bonke utshwala kaThokozile."

"Ngempela?"

"Izovalwa njengamanye leyo thaveni. Isikhathi sayo siphela namhlanje. Kusasa okunye."

"Umehluko uzobakhona endaweni."

"Omkhulu. Mhla ephuma lapha, uzofika ekhaya itshe selome inhlama." Ahleke kancane. "Uzwile ukuthi naye ulapha esibhedlela? Kuthiwa wamphihliza, wamphihliza, ikhanda laze laba yisicaba njengelenyoka." Wahleka. "UNgcolosi akasalamuli yini uphihliza isithandwa sakhe kangaka?" Ngibe namahloni, ngibheke phansi.

237

"Hayi, kuthiwa kuyambulwa kuyambeswa lapho e-*ICU*. Uma engaphuma ephilile, uyoba yisigoga. Umgogile phela lo mama wabantu. Ngaze ngawafisa bo, la mandlakazi akho!" Abheke iwashi. Uyabona sekushaya isikhathi sokuhamba kwezivakashi.

"Lalela, ukhululeke manje. Ngizokusiza ngale nkinga yotshwala bakaThokozile."

Lokho ngakubonga, kodwa ngendlela engididayo ngenxa yokwenzeka kwezinto. Zishintsha ngokushesha, kanti futhi zihamba ngomunye umkhakha. Emuva kokuphuma kwalo mama, kwathula kwathi cwaka, kwaba sengathi ngisalizwa futhi leliya lizwi lomntanami: "Mama sengibuyile eCuba." Kulowo munyu nesizungu kungene i-*sms*: "*Did you get my message some few days ago about the passing of Thami? I am his friend here in Cuba. We are doing medicine together, but we are both from Mzansi. Sorry again about his death.*"

Ngiwufunde ubusuku bonke lo myalezo. Kuthi ekuseni ngibuze nge-*sms* lona othumele umyalezo: "Ubulewe yikhorona yini uThami?" Angiyikholwa kahle le nganekanwe yesitofu sogesi. Ngilinde impendulo, kepha lutho ukufika. Kuthi uma sekufika izivakashi emini, ngibheke ifoni yami. Usephendulile: "Ayikho ikhorona lapha eCuba." Ngiphendule: "Ayikakafiki eCuba? Ubulawe yini pho umntanami?"

Ngelanga engiphuma ngalo esibhedlela, ngifonele umngani wami uSindi ukuthi azongilanda, amandla ayangiphelela. Kungcono abeseduze nami, azongisiza uma ngintenga. Ngibuthakathaka kakhulu, ngidinga imibhadlangu.

Ngithi ngiphuma nje emnyango wesibhedlela, nangu umngani wami, ajabule! Angithele ngazo ezasekhaya. "Uzwile mngani kwenzekeni ngotshwala bukaThokozile? Bushaqiwe ..." Nginenzululwane, angimuzwa kahle uSindi, ngimthola kancane nje esho labo-*delete, delete* bakhe adume ngabo. "UThokozile manje udilithiwe empilweni yakho, mngani wami! Uyangizwa kahle ngithini?"

Ngicele uSindi ukuthi sihlale phansi, ngiphuze amaphilisi ezinhlungu. "Kuqaqamba ikhanda, mngani wami. Awasekho amaphilisi ezibhedlela zamanje. Iziguli seziphiwa kancane iphanado, emuva kwalokho isishayile." Ngibheke uSindi sengathi ngiyambuza, "Ngabe uNgcolosi unqene ukuzongilanda esibhedlela?" USindi aphakamise amehlo, akazi. Ngizibone ubuwula, ngibuzelani uSindi ngoba impendulo ngiyayazi. "UNgcolosi angimtshelanga ukuthi ngiyaphuma esibhedlela. Nginqene ukumhlupha bandla ebhizi kaThokozile. Akafuni lutho oluvela kimi uma elapho."

"Ushiywe isilabhasi, mngani. UNgcolosi ubhidlikelwe yiwa. Kuthiwa bamxoshile laba bafana bakaThokozile. Bathi angazenzi ubaba wabo. Lelo khaya elakubo. Futhi umama wabo ushaywe ngumfazi wakhe."

"Basho kanjalo kuye ezwa?"

"Yebo. Kuthiwa bamkhakhabise okomgodoyi, futhi bemjikijela nangamatshe: "*Futsek*! Hamba nja ndini! Hamba mgodoyi! *Futsek*! *Futsek*! Hamba mgodoyi!" Emuva kokuvika amatshe, waqombola umyeni wakho elibhekise ekhaya, esephelelwe ukuqholosha adume ngakho. Namhlanje uphenduke ujikanelanga laphaya kwakho. Ukuqhalaza kuphelile, usehlekwa nayizilima imbala. Uzomthola ekhona."

"Ngizizwa ngikhathele, Sindi. Ake siphumule kancane. Ha! Umhlaba uyahlaba, Sindi!"

Umsebenzi wokuzicijisa

A. Imibuzo emifishane

1. Yini lena eyenza uThembeka noSindi babe abangani?
2. Obani abazali bakaThami?
3. Ake uchaze iphupho likaThembeka.
4. Ubani lona oseCuba, futhi wenzani lapho?
5. Yayithini le *sms* eyacinywa uThembeka?
6. Ake uveze udweshu lwangaphakathi olutholakala kule ndaba?
7. Ubani umlingiswa oyiqhawe kule ndaba? Sekela impendulo yakho.
8. Imbangi ngubani kule ndaba? Sekela impendulo yakho.
9. UThokozile ubuthatha kuphi utshwala besilungu njengoba izwe livalwe thaqa?
10. Ake uchaze le nkulumo kahle.
    a) Ukuququda
    b) Iseqamgwaqo
    c) Ukuzidlisa satshanyana
    d) Ukudla anhlamvana
    e) Izidlamlilo
    f) Amambawu
    g) Isikhathi esimanzonzo
    h) Isimbamgodi
    i) Inkemane
    j) Ujikanelanga
    k) Bamkhakhabise
    l) Umgodoyi
    m) Waqombola

241

n) Ubhidlikelwe yiwa

11. Ubani igama lomsizi weMeya?

12. UThembeka uzalwa kwabani, wendela kwabani?

13. Ubani uThokozile, kanti ubambe liphi iqhaza ekubhidlizeni umuzi kaNgcolosi?

14. UThokozile noNgcolosi bagcina bephelela kuphi?

15. Ubani lona olandisa uThembeka ngokwenzekile engekho, esesibhedlela?

16. Ngabe le ndaba ilandwa ngumlandi wokuqala, wesibili noma wesithathu? Sekela impendulo yakho.

B. Imibuzo emide

Bhala i-eseyi ngokuhlupheka komlingiswa oqavile, ubhale ngokuthi isisombululo sezinkinga zakhe sivela kanjani. Bhala kube yi-eseyi ehleleke kahle ngokwezigaba ze-eseyi ejwayelekile. I-eseyi yakho ayibe ubude bamagama angama-300.

Printed in the United States
by Baker & Taylor Publisher Services